Richard Specht

Johann Strauss

SEVERUS

Specht, Richard: Johann Strauss
Hamburg, SEVERUS Verlag 2014

ISBN: 978-3-95801-174-8
Druck: SEVERUS Verlag, Hamburg, 2014
Nachdruck der Originalausgabe von 1909

Der SEVERUS Verlag ist ein Imprint der Diplomica Verlag GmbH.

Bibliografische Information der Deutschen Nationalbibliothek:
Die Deutsche Nationalbibliothek verzeichnet diese Publikation in der Deutschen Nationalbibliografie; detaillierte bibliografische Daten sind im Internet über http://dnb.d-nb.de abrufbar.

SEVERUS

Richard Specht

Johann Strauss

An Hermann Bahr

Sie haben in Ihrem Buch über „Wien" das typische Wiener Talent geschildert. Mit Zorn. Und das mit Recht, weil es sich immer wieder zeigt, wie unsere besten Begabungen durch sich wehrenden Leichtsinn und Bequemlichkeit, durch träge und ehrfurchtlose Gleichgiltigkeit entmutigt oder in trotzige Einsamkeit gestoßen werden. Deshalb hat es mich gereizt, das an dem besonderen Beispiel des Johann Strauß zu zeigen, der für mich jenen Typus des Wiener Talents am reinsten verkörpert. Freilich eines, das man liebhaben muß. Und es ist mir seltsam ergangen: je klarer es sich mir herausstellte, daß nur die Sorglosigkeit, das gemächlich Behagliche und gegen alles Aufgestörtwerden sofort Bewaffnete es verhindert haben, daß ein Genie von unerschöpflicher Fülle sich aus kleinen Grenzen befreie, um so lauter ist die Frage geworden: ob nicht eben diese Sorglosigkeit, dieses Behagen, diese alles Strenge abweisende Lebenslust nicht gerade das Wesentliche dieses Genies waren.

Dieses zweite Problem, ob denn gerade das, was als Besonderheiten des Wienertums der ernsten Kunsterfüllung schädlich zu sein scheint, nicht vielleicht das Bedingende, Formende und vital Notwendige sei, hat das erste beinahe verdrängt: die Darstellung des größten Wiener Talents als solches. Beides aber hat die Form dieser kleinen Schrift bedingt, die keine Biographie sein will und eigentlich auch keine kritische Analyse, sondern eine impressionistische Studie; einzelne Bilder und Eindrücke, durchaus auf jene beiden Fragen eingestellt, deren Lösung denn auch nur empfunden und nicht ausdrücklich in abstrakte Formeln eingefangen werden kann.

Daß neben der Schilderung dieser Persönlichkeit und neben ihren Problemen noch vieles andere mitschwingt, wird Ihrem Ohr nicht entgehen. Nicht nur dem Autor von „Wien“, sondern vor allem dem idealen Leser dieses Büchlein zu widmen, ist mir eine Freude. Sie ist doppelt groß, weil ich Einem ein Zeichen des Dankes geben kann, dem ich für sein lebendiges Beispiel, für seine anregende Kraft, für seine tapfer mahnenden Werke und nicht zuletzt für ermutigende Freundschaft verschuldet bin wie Wenigen.

R. Sp.

I.

m Oktogon des Pariser Louvre hängt das berühmteste Bild des Watteau: „Die Abfahrt zur Insel Cythere.“ Goldig schimmernde Bäume. Auf glitzernd gekräuselter Flut ein schlankes Schiff mit frohen, bunten, wehenden Wimpeln. Selige Menschen eines unwirklichen Alltags drängen hin; prunkhaft in Seide und Spitzen gewandete zarte Marquisen; schmiegsame Chevaliers, schäferlich trotz der weiß gepuderten Haare und der goldgriffigen Degen, — liebesfeuchten Auges schmachtend, sinnenfreudige Sehnsucht im Lächeln der geistreich feinen Lippen. Und ziehen hin aus ihrem unwirklichen Alltag in ein Land wirklicher Träume. . . .

Ein Bild, das mehr ist als es darstellt; eines der wenigen, die nicht nur den Ausdruck jener Welt bedeuten, die aus der Phantasie des Malers heraus geboren wird: es ist der Ausdruck einer ganzen Generation. Das Zeitalter des galanten Frankreich ist hier Farbe geworden; die Seele des Rokoko...

Das Wiener Gegenstück. Schönbrunn; schnurgerade Taxushecken, aus deren steifem Dunkelgrün groteske, verwitterte Sandsteinbilder gucken; eine Gruppe phantastischer Meeresgötter unter stolzgeschwungenen, säulengetragenen Bögen, zwischen gestürzten, schmalgerippten Kapitälen, von totem, schwarzem, algengetigertem Wasser umspült; flötenblasende Amoretten im Schatten gestutzter Alleen — und auf den hellen Kieswegen porzellangleiche Leutchen von artiger Zierlichkeit; Mädchen mit Kreuzbandschuhen und geblumtem Kleid, den flachen Florentinerhut mit den bunten mattfarbigen Bändern über den Arm gehängt; junge Herren in Seidenstrümpfen und Schnallenschuhen, braunen und blauen Fräcken mit goldenen Knöpfen, gestickter Weste und funkelnder Rubinnadel im weißen Jabot, oder hohe Vatermörder über dem gravitätisch vielgefalteten schweren Atlashalstuch. Drüben im Schlosse Kaiser und Könige zum Kongreß; aber diese hier wissen nichts davon — zärtliche Paare, übermütige Gruppen, lautes und leises Liebeswerben zu dem lächelnd melancholischen Rhythmus der Musik, die ihnen der flötenblasende Amor macht, der sie lauschen und die sie zum Reigen zwingt. „Das Leben ein Tanz — der Tanz ein Leben“ ...

Oder: beim Sperl. Ein langgestreckter Saal, in dem mildes Kerzenlicht durch dunstige Luft flimmert. Eine Kapelle von fünfzehn Musikanten, langlockige Jünglinge und besorgte alte Herren,

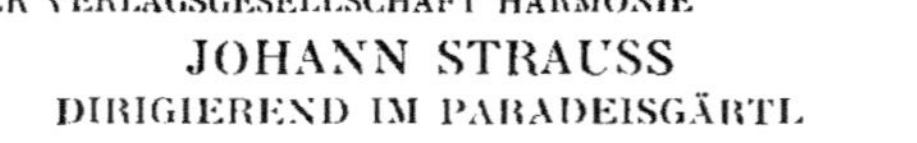

MIT GENEHMIGUNG DER VERLAGSGESELLSCHAFT HARMONIE

JOHANN STRAUSS

DIRIGIEREND IM PARADEISGÄRTL

ängstlich in die Notenblätter starrend und doch vergnügt über das, was sie spielen. An ihrer Spitze der junge Dirigent mit dem schmalen bleichen Gesicht, den feurig dunklen Augen, dem schwarzen, in einer Welle über die halbe Stirn gescheitelten Haar und dem dünnen Schnurrbärtchen — die Geige und den Bogen in der ringgezierten Hand, in engem, über der weißen Weste geschlossenem Frack und mit der mächtigen schwarzen Binde um den hohen Kragen, der ein Stück der Wangen verbirgt. Und drunten fidele Paare; Soldaten und ihre Mädeln mit den korbförmig gebogenen, unter dem Kinn mit breiten Schleifen gebundenen Hüten; behäbige Herren in samtverbrämten Röcken und engen lichten Beinkleidern, riesige Zylinderhüte auf dem Kopf; und ihre Damen, in weiten, faltigen Kleidern, Spitzenfichus, seidenen Miedern, medaillontragende Samtbänder um den schlanken, freigelassenen Hals, das Haar schlicht über die Ohren gekämmt... Und alle in einem Taumel des Tanzes, der längst seine einstige Behäbigkeit verloren hat; ein gegenseitiges Suchen und Meiden, Bitten und Gewähren, aufgepeitscht durch die lockenden Töne, die alle Sorgen und Widerstände lösen... Von fernher klingt Gewehrfeuer; Glocken hallen von den Türmen, — draußen ziehen Studenten zu den Barrikaden... Aber im Saal wird unbekümmert weitergetanzt, in heiterem Selbstvergessen, zu den Klängen der „Freiheitslieder"-Walzer... „Heiter auch in ernster Zeit"...

Nur daß diese Bilder nie gemalt worden sind.

Der restlose Ausdruck des wienerischen Wesens ist kaum je zur Farbe, fast immer nur zum Ton geworden. Was der flötenblasende Amor spielt, sind die Tänze von Lanner. Und beim Sperl geigt der junge Strauß, in dem die Klänge jener Sandsteinflöte zu neuer Musik geworden sind.

II.

Der Tanz steht in ähnlichem Verhältnis zur übrigen Musik wie das Kunstgewerbe zur bildenden Kunst; er ist gleichsam „angewandte“ Musik: seine Töne sind nicht Selbstzweck, nicht Ausdruck froher oder erschütternder innerer Erlebnisse eines Schaffenden, sondern Begleitung zu jenem rhythmischen Liebeswerben, das im Tanzen liegt und das durch Sitten und Kleidung immer wieder neu bedingt und abgeändert wird. Es wäre interessant, einmal dem Zusammenhang zwischen Mode und Tanz nachzuspüren und von Fall zu Fall festzustellen, welcher von beiden Teilen das bedingende Element sei: ob die langsamen Menuette und Gavotten durch die Tracht des Rokoko bestimmt wurden, der langsame Dreischritt durch den Reifrock, — ob jene hinreißende „Aufforderung zum Tanz“, in der Weber den Walzer revolutioniert hat und die nirgends freudiger aufgenommen und fortgesetzt wurde als in Wien, nicht mit der gleichzeitigen Befreiung von Perücke und altväterischem Zwang zusammenhing.

Echte Musik, solche, die nicht nur Schmeichelei des Ohrs bedeutet und die an die Rätsel des Menschlichen rührt, ist freilich nicht vom Kleide abhängig... Es ist kaum möglich, sich die Walzer des Lanner und des alten Strauß anders als im Altwiener Kostüm getanzt vorzustellen. Die des jungen Strauß, so sehr sie in ihrer schwungvollen Sinnlichkeit und ihrem heißen Jagen in unserer Zeit wurzeln und mit der Entwickelung des neuen Wien verknüpft sind, kann man sich doch ebensogut als Reigen von Parisern wie von Italienern, von Ungarn wie von Spaniern denken, — wenn auch jede Nationalität ihnen ihr eigenes Gebärdengepräge geben wird. Das bedeutet, daß sie doch mehr sind als bloße „Tanzmusik". Daß etwas in ihnen lebt, was vom Jubel und der Sehnsucht der Menschheit erzählt, — nicht nur von dem beschränkten Vergnügen einer beschränkten Epoche. Daß in ihnen, um das trockenste Wort darüber zu sagen, nicht nur „angewandte", sondern „absolute" Musik ist. Nicht in der „Erweiterung der Form", wie er es einmal bescheiden andeutete, ist sein Verdienst zu suchen — worüber noch zu sprechen sein wird — sondern darin: daß er es vermochte, immer „Musik zu machen", trotz des engen Zwecks des Tanzes, trotz der leichtsinnigen Führung und der in ewigem Es-tam-tam hämmernden rhythmischen Monotonie, die dieser Zweck bedingt. Trotz der Gebundenheit und Tyrannei einer eigentlich willkürlichen Form. Und vor allem trotz der unsäglichen Albernheit, der öden Lebensfremdheit der Texte, die als Unterlagen seiner Melodien zu Operetten konstruiert wurden. Daß er das vermochte, gleichsam über all diese Hemmnisse hinweg — darin liegt das Problem des Johann Strauß und seine Größe...

Und nur darin.

Mit jener „Erweiterung der Form" nämlich, von der vorhin gesprochen wurde, ist es nicht weit her. Diese Erweiterung war vor allem eine quantitative, keine qualitative. Die „Aufforderung zum Tanz" schlägt im Formalen alle ihre Nachfolger bis zum heutigen Tag, jene Walzer vielleicht ausgenommen, die zu dramatischen Zwecken für die Bühne ausgeweitet worden sind. Aber die besten Empfänger jener „Aufforderung", Lanner und der alte Strauß, die den Übergang von den alten gravitätischen Tänzen der Rokokozeit zu den fiebernd dahineilenden modernen geschaffen haben, sind — genau so wie Schubert in seinen Ländlern und „Deutschen Tänzen" — zaghaft in der engsten Form stecken geblieben: einer Aneinanderreihung kleiner Walzer, jeder einzelne aus zwei zumeist achttaktigen Gruppen gefügt, die durch einfache Reprise des ersten Teils in eine gewisse Symmetrie zueinander gebracht wurden. Hier hat Johann Strauß freilich eingegriffen; hat die Introduktion als stimmunganschlagendes und themenandeutendes Vorspiel geschaffen; hat die Achttaktigkeit der Motive zu stolzeren, oft über vierundzwanzig Takte gespannten

Bögen erweitert; hat die Walzeranzahl auf fünf erhöht und ihnen durch den Ausbau der Koda, in der alle Einfälle des Stücks gleichsam „resümiert" und gesteigert werden, einen glänzenderen Abschluß gegeben. Nur daß durch solche „Erweiterung" noch nicht das Rechte erreicht ist: die Vermeidung des Mosaikartigen, die organische Beziehung der einzelnen Teile, die jetzt nur lose durch Akkordmodulationen primitivster Art verbunden sind, — das thematische Entwickeln, Verweben und Gipfeln, das Fruchtbarmachen und die Erfüllung des Einfalls, — die innerliche Einheit, die das vielteilige Stück erst zu einem Ganzen macht, und vor allem, die es erst zu Musik macht.

Was Hanslick einmal vom Walzer sagt, liegt gewiß im Wesen dieser Art: „Der engste Rahmen und die unerbittlichsten Bedingungen, die es in der Musik gibt, heißen im Walzer den Komponisten mit dem ersten Taktschlag die volle Erfindung einsetzen, sie alsdann ohne fruchtbare Benützung frisch gepflückt wegwerfen und so immer wieder neu gewinnen und vergeuden." Und ein andermal: „Die enge, festgeschlossene Form des Walzers läßt auch die kleinste Entwicklung einer Melodie nicht zu, diese ist, sowie sie zu Ende gekommen, auch spurlos abgetan, um einer zweiten, dritten usf. Platz zu machen, bis alle fünf Walzer wie eine unzusammenhängende Bilderreihe in einem Guckkasten abgerollt sind. Zu Einem Tanz sind (außer Introduktion und Finale) fünf Walzer, also wenigstens fünf neue Themen notwendig, meist jedoch noch einmal so viel, da gewöhnlich zum zweiten Teil jedes Walzers wieder ein neues Motiv verwendet wird. Es ist dies eine unkünstlerische Verschwendung, welche die begabteste Produktionskraft bald erschöpfen muß."

Man wird zugeben müssen, daß, der Richtigkeit dieser Meinung zum Trotz, die Produktionskraft bei Johann Strauß sich nicht erschöpft hat. Ebenso aber auch, daß er über diese Art der Tanzschöpfung niemals hinausgekommen ist und daß das gedankenlose Übernehmen dieser rein äußerlichen und durch keinerlei innere Notwendigkeit entstandenen Form durch die „Jungen" schuld daran ist, daß hier alles beim alten geblieben ist. Es wäre absurd, anzunehmen, daß nicht auch der Walzer zu künstlerischer Einheit gesteigert werden könne: wenn statt des Kaleidoskops von zehn Einfällen nur drei bis vier Motive verwendet würden, eines aus dem andern gewonnen, eines mit dem andern verbunden und eines durch das andere gesteigert, und wenn dieses organisch zu einheitlichem Fluß gefügte Themenmaterial mit der Einleitung und dem Abschluß in inneren Zusammenhang gebracht wird, so wird auch in diesem Genre eine Kunstform geschaffen sein. Das hat, bei allem Reichtum hinreißender Erfindung, bei allem überströmenden Glanz genialer Melodik und Rhythmik, Johann Strauß niemals vermocht.

Seine Musik ist oft berauschend wie kühler Heuriger, unwiderstehlich in ihrem Schwung und ihrer Heiterkeit, bezaubernd in ihrer Liebenswürdigkeit. Und sofort unecht, wenn sie wahrhaft schmerzliche Empfindung ausdrücken soll. Und selbst bei aller strahlenden Laune, der überredenden Anmut und der lachenden Macht seiner prachtvoll geschwungenen Melodien hat man nie das Gefühl, daß diese Musik der Ausdruck eines seelischen Tumults, eines hinreißend Erlebten ist und nie das Gefühl, einen außerordentlichen Menschen zu spüren. Nur eine außerordentliche Begabung.

Das soll keine Unterschätzung seines Werks sein und gewiß keine Unterschätzung der Art seines Werks. Und vor allem muß mit Bewunderung anerkannt werden, mit welchem Ernst und welcher Zucht Johann Strauß an sich arbeitete, besonders an der Vervollkommnung seiner Technik, die in seinen ersten Werken fast alles zu wünschen übrig läßt und deren Dilettantisches nur durch die unglaubliche Fülle und den reichen Glanz seiner melodischen und rhythmischen Erfindung verdeckt werden konnte. Später war es umgekehrt, — wenn auch nicht in gleichem Maße: immer sind ihm, gleichsam hinter dem Rücken seiner Routine, geniale Einfälle zugeströmt. Auch wenn es zumeist Einfälle waren, die nur „an sich wirkten", die in dem Augenblick auch schon „erledigt" sind, in dem sie ausgesprochen werden, — in denen nichts Entwicklungsfähiges determiniert ist. Es ist alles zu Ende gesagt, wenn solche acht Takte vorüber sind. Was nur ein ganz Reicher wagen kann, ohne arm zu scheinen...

Er ist ganz sinnlich. Ganz ungeistig. Kein „guter Europäer“; ein „guter Wiener“. Aber es ist das zur Genialität gesteigerte Wienertum.

Nichts Kleines: Hunderttausende auf nicht unedle Weise hingerissen und beglückt zu haben. Johann Strauß hat der Menschheit zum Tanz aufgespielt. Jener Menschheit, die der Selbstvergessenheit fähig ist; die immer geneigt ist, dem grinsenden, blutbespritzten Gesicht des Lebens eine in falscher Milde lächelnde Maske vorzubinden und daran zu glauben, daß diese Maske das Wahre und sein echtes Antlitz sei...

III.

in Leben in Walzerform. Die Moll-Introduktion einer Jugend, in der das Thema des Mannes und seiner Berufung deutlich angeschlagen und immer wieder von düsterem Zwang niedergehalten wird, bis es entscheidend und unverstört erklingt. Dann ein Eilen von Tanz zu Tanz — nicht nur symbolisch: von einer Musikproduktion und einer Ballveranstaltung zur andern, oft vier Konzerte und drei Ballfeste innerhalb von sechzehn Abend- oder Nachtstunden, in eiliger Wagenfahrt von Saal zu Saal, — ein rasendes, oft leichtsinniges, manchmal künstlich aufgejagtes und zumeist doch natürlich strömendes Produzieren und Reproduzieren, in das sich freilich, wie es nicht anders möglich ist, häufig die bloß mechanische Gewandtheit der Routine mengt. Dann, in volleren Akkorden, die Eroberung dramatischer Stimmungen und stärkerer Innerlichkeit. Und schließlich als Abschluß eine blendende Koda, in der alle Motive dieses Lebens glanzvoll zusammenklingen. . .

Es gibt Augenblicksbilder in diesem Leben,

JOHANN STRAUSS: TITELBLATT DES JENNY LIND-WALZERS

die mehr bedeuten als bloße Momentaufnahmen eines Charakters und denen die Kraft eines Symbols innewohnt. Bilder wie dieses: in der matten Dämmerung der Kirche, oben auf der Orgel der junge Johann Strauß und der alte Lehrer, der sich müht, den Heranwachsenden die Kunst der Fuge und des strengen Spiels zu lehren. Aber die ungelenke Polyphonie, die unter den tastenden Fingern des Jünglings entsteht, wird immer einfacher, das friedliche Tempo immer hurtiger, die stockenden Hände immer beweglicher, bis aus dem frommen Choral eine sehr unfromme Polka schlüpft, die höchst weltlich und keck durch den geweihten Raum tänzelt... Wollte man's erfinden, so könnte man kein erschöpfenderes Sinnbild für die Art der Straußschen Kunst ersinnen.

Andere, die kein gleich grelles Schlaglicht auf die Persönlichkeit und ihre Entwicklung werfen, die aber für beide kennzeichnend sind: Im Hause des alten Strauß. In den stillen Zimmern, in deren dumpfer Luft die Bewohner kaum laut zu sprechen wagen, aus Furcht vor dem zornigen Mann, der sie alle tyrannisiert, — der draußen mit seinen Fiedeltönen eine Welt zu frohem Reigen lockt, der aber will, daß im eigenen Haus alles widerspruchslos nach der Geige tanzen muß, die außerhalb seiner vier Wände nur zu Lust und Freude ruft, und deren Bogen im engen Heim so oft zum Magisterbakel geworden ist. Die Seinen bewundern ihn; aber ihre Liebe ist voll Angst. Sie sind stolz auf ihn, besonders die Buben, und ihr Ehrgeiz wär', es ihm nachzutun; aber sie müssen Stolz und Ehrgeiz verbergen, denn er hat die Musik aus seinem Wohnhaus verbannt und die Kinder müssen heimlich und in ewigem Zittern, daß der finstere und überstrenge Vater sie entdecke, zum Klavier schleichen und sich hastig die geliebten Tanzweisen zusammensuchen. Bis der Alte davon erfährt, wie famos und flott die beiden, Johann und Josef, seine eigenen Werke auswendig zu vier Händen spielen. Ärger und väterliche Eitelkeit bekämpfen einander; er läßt die Knaben rufen und befiehlt ihnen unwirsch, zu zeigen, was sie können, — läßt sogar den großen Flügel herbeischleppen, weil sie nicht gewöhnt sind, auf dem Pianino zu spielen. Und hört, wie lebendig und schwungvoll seine Melodien in seinen Söhnen wiederklingen, merkt mit Lust, welch feine Gabe im Erfassen und Reproduzieren der orchestralen Wirkungen in ihnen lebt, wird immer vergnügter, beschenkt sie und macht sie ganz glücklich mit den Worten: „Das spielt Euch keiner nach!" Augenblicks aber, wie er entdeckt, daß hier die Leidenschaft des Berufenseins waltet und nicht bloß dilettantische Spielerei, bricht wieder die alte, grimmige Halsstarrigkeit hervor; es gibt eine wüste Szene, weil er Johann bei Geigenübungen überrascht und jeder Versuch der Kinder, sich ausschließlich der Musik zuzuwenden, wird erbarmungslos, mit quälender Unerbittlichkeit niedergehalten. Was sich zu offener Feindseligkeit und zum Bruch mit Johann steigert, als dieser fest bleibt, dem Erwählten Treue hält und es unternimmt, auf eigene Faust, wenn auch auf die Beliebtheit des ererbten Namens rechnend, ein kleines Orchester zusammenzustellen. Bitterer Groll des Alten, als sich nun gar der Erfolg einstellt und der Junge gegen den Vater ausgespielt wird; ein Groll, den der Sohn in schöner Pietät im Laufe der Zeit auszugleichen vermochte, — aber immerhin ein Groll aus wenig vornehmen Motiven: nicht etwa in der Sorge wegen der aufreibenden Hetzjagd und all der kläglichen Miseren, die der Beruf mit sich bringt, sondern einer, der halb aus verstocktem Eigensinn des Rechthaberischen, halb aber wohl aus Eifersucht erwachsen ist. Das wird deutlich aus dem Wort des alten Strauß, der vor dem triumphvollen ersten Auftreten des Sohnes darüber räsonniert, daß „jetzt der Bub, der Johann, auch Walzer schreiben will, wo er keinen Dunst davon hat und wo es mir doch Mühe macht, in zwölf oder acht Takten irgend etwas Neues zu bringen." — — — Dem Jungen hat das freilich nie Mühe gemacht... Das Ganze aber ist ein blitzartig beleuchteter Ausschnitt aus einer dumpfen und trüben Jugend, die mutlos und verängstigt hinschleicht, ohne jemals frei hinausjauchzen zu können, — in einer Stille, die nicht die des Friedens, sondern die vor dem immer wiederkehrenden Sturm ist, — die Stille des furchtsam angehaltenen Atems, die nur durch die leise, schlichte Güte der immer vermittelnden, tapfer die Partei der Kinder ergreifenden Mutter zu ertragen war.

Später dafür andere Bilder, die sich fast zu vergleichender Kulturgeschichte weiten: Richard Wagner steht verbannt allein und grollend abseits, muß sehnsuchtsvoll auf einzelne Verstehende warten, legt Partitur um Partitur in den Kasten, müde, an der Zukunft verzweifelnd und in schmerzlicher Abhängigkeit. Robert Schumann, schweigsam, verträumt in inniger Romantik, von den Allzuvielen nie erfaßt, ganz still und verschlossen seinen Weg gehend, auf dem er nur wenigen Wanderern begegnet... Und an diesen großen Einsamen vorbei im Triumphzug, wie ihn die Musikgeschichte kaum ein zweitesmal kennt: die Siegesfahrt des Johann Strauß, der in allen Ländern, von allen Völkern, — sei es in Rußland, das ihn alljährlich rief, oder in Frankreich, das ihn als Ritter der Ehrenlegion begrüßte — gefeiert wurde, wie keiner vorher und nachher, mit dem Könige und Fürsten — man pflegt das ja gerne so zu nennen — „wie mit ihresgleichen" verkehrten und der im Laufe dieser Jahre jegliche Huldigung genossen hat, die überhaupt ersonnen werden mag und für die es kein Wort der Übertreibung gibt, weil alle Worte hinter dem unerhörten Taumel zurückbleiben, den Strauß durch seine Walzer entzündet hat.

Es ist schwer, sich heute einen Begriff von dieser höchsten Popularität zu machen, die je einem Künstler beschieden war und die beim 50jährigen Künstlerjubiläum des Meisters aus allen Winkeln des Landes, Vorstadthäusern und Palästen, wie in einem großen

Jubelschrei zu ihm zurückschallte — berauschend und beglückend, fast zuviel für einen Einzelnen und für einen so Bescheidenen: er ist wirklich unter diesen Ehren zusammengebrochen und der Tod fand leichte Beute an einem, der, als Auserwählter, nicht der Last der Mühen, sondern der des Ruhmes und des Glückes erlegen ist. Seine Beliebtheit war eine von beispielloser Intensität, für die es übrigens auch ein Bild als Symbol gibt: das der sterbenden reichen Wienerin, die in ihrem Testament der Straußschen Kapelle eine bestimmte Summe vermacht hatte, unter der Bedingung, daß sie, statt von kirchlichen Gesängen begleitet, unter den Klängen Straußscher Walzer zu Grabe getragen werden müsse. Ein Zug, in dem das ganze Wiener Leben jener Zeit gegenständlich wird, — ein Leben, das wir heute nicht mehr recht verstehen: weil Wien das Tanzen verlernt hat. Was übrigens von stärkstem Einfluß auf die Entwicklung des Straußwalzers ist: er strebt vom Ballsaal weg in den Musiksaal, wird weniger tänzerisch und immer konzertanter. Bis er sich auf die Bühne stiehlt und in der Operette sein Unwesen treibt. — Damals aber war die Donaustadt wirklich noch „das tanzende Wien". Unmöglich, die Lust und den Tumult der Scharen zu schildern, die dichtgedrängt zum Sperl oder zum Paradeisgartel gezogen sind: eine unübersehbare Menge auf der Pilgerfahrt nach dem Dreivierteltakt. Die Polka war Evangelium, die Quadrille Katechismus. Die Parole: „Heut' geigt der Strauß" hat zu jener Zeit eine Zaubermacht ausgeübt, die alle Sorgen der Politik, alle Beschwerden des öffentlichen Wesens, den Zwang der regierenden Verwaltung und die Not des Alltags in den Hintergrund drängte. Wenn der geschmeidige, blasse, dunkeläugige Musiker den Bogen ansetzte und wenn die Töne gleich Funken von seiner Geige kamen, war Fürst Metternich vergessen, und der neue Walzer wurde zum Ereignis. Man hat dem siegreichen Radetzky niemals stürmischer zugejubelt als dem siegreichen Johann Strauß, wenn einer seiner neuen Tänze Gefallen fand — und das ist schließlich nur recht. Mag sein, daß die Legende erfunden ist, die erzählt, wie Johann Strauß mitten aus einem seiner glänzenden Konzerte fortgeholt wurde, zum Sterbebett einer Jugendfreundin, die die Augen schloß, während er auf seiner Geige leise Tanzmelodien spielte — aber auch sie ist ein Symbol für diese Musik, die so manchem das Leben leichter machte und also auch das Sterben leichter zu machen vermag...

Aus dem blendenden Licht und den huschenden Schatten solchen Lebens erklärt sich manches dieses in seiner Fülle ebenso wie in seiner Wahllosigkeit oft rätselhaften Schaffens. Läßt man die flatternden Rhythmen der fünfhundert Straußschen Tänze an sich vorbeiziehen, so löst ein Empfinden das andere ab: Staunen über die elementare Kraft und Gesundheit der Einfälle, die alle Möglichkeiten des bewegten Dreivierteltaktes zu erschöpfen scheinen (beiläufig gesagt und natürlich cum grano salis aufzunehmen: wirklich genial und produktiv ist Strauß fast nur im Dreivierteltakt), — Befremden über die bedenkliche Minderwertigkeit eines Motivs, das einem andern auf dem Fuß folgt, von dem man sich gar nicht trennen möchte, weil es natürlich und menschlich zu erheitern und zu aufrührerischer Freude zu locken vermochte — und das vergessen ist, wenn es ausgesprochen ist, weil nicht nur nichts aus ihm herauswächst, sondern weil ihm ein solch wenig vornehmer kurioser Gefährte zur Seite steht. Was kaum zu fassen ist, wenn man bedenkt, daß beides aus gleicher Stimmung entstanden ist.

Das gilt freilich nicht von der beträchtlichen Anzahl von Meisterstücken, die von den größten und strengsten Musikern mit gleichem Entzücken genossen worden sind — von Werken wie dem „Donau"-Walzer, der ja zu jenen Schöpfungen zählt, über die kein Wort mehr gesprochen werden darf; wie den „Rosen aus dem Süden", die in ihrem knospenhaft sich entfaltenden Thema — das erst in seinem zweiten Teil seinen Autor verrät — so merkwürdig verwandt sind mit jenen „Morgenblättern", die einen Wendepunkt in der Straußschen Walzerkomposition bedeuten; wie „Wiener Blut", in dessen herzhaftem Jubel alles Helle, Gute und Liebe des Wienertums lebendig geworden zu sein scheint und in dessen Koda man den Stephansturm mit der Rotunde tanzen zu sehen glaubt; wie den entzückenden altväterischen „Leitartikel" in ihrer zierlich gemessenen Lavendelmusik; wie den heimlich flüsternden „Geschichten aus dem Wiener Wald“, den in luftigen Stakkatis aufperlenden und sich dann, gleich einem Falter auf schwankender Blüte wiegenden „Frühlingsstimmen“, den „Liebesliedern“, den „Juristenballtänzen“, der wundervollen Leichtsinnspredigt von „Wein, Weib, Gesang“, den „Myrtenkränzen“, den durch kühnere Harmonik interessanten „Schallwellen“ — ein „Walzerbouquet“, dem man leicht noch einen vollwertigen „Strauß von Strauß“ — unter diesen naiven Bezeichnungen ist oft die Zusammenstellung verschiedener Johann Straußscher Tanzstücke aufs Programm gesetzt worden — anfügen könnte. Werke, die immer mehr den Charakter des Ballsaaltanzes verlieren, immer symphonischer werden — in der Instrumentierung und ganz besonders im Versuch der vokalen Walzerkomposition —, immer breiter, wenn auch nicht innerlich organischer in ihrer Anlage, und nur noch durch die hastigen Überleitungen der einzelnen Walzerteile an den „Zweck“ des Tanzes, an das „Angewandte“ dieser Musik erinnernd: denn bei diesen kargen, eilig modulierenden Akkorden glaubt man die zum Einhalten gezwungenen Tänzer zu sehen, die schon ungeduldig auf den Einsatz des neuen Tanzthemas warten und dann weiterwirbeln. Werke, die unbegreiflich sind in der Mannigfaltigkeit, mit der dem immer gleichen Begleitungsrhythmus alle Möglichkeiten beglückendster, blühender, echtwähriger melodischer Erfindung abgewonnen werden — die Möglichkeiten einer Schönheit, die wirklich „auf leichten Füßen läuft", und nichts vom „Geist der Schwere" weiß. Und Werke, die Johannes Brahms ebenso wie Richard Wagner zu hellem Vergnügen hinzureißen vermochten und über die der Bayreuther Meister den sehr bekannt gewordenen Ausspruch formulierte: „ein einziger Straußscher Walzer überragt, was Anmut, Feinheit und wirklichen musikalischen Gehalt betrifft, die meisten der oft mühselig eingeholten ausländischen Fabrikprodukte, wie der Stephansturm die bedenklichen hohlen Säulen zur Seite der Pariser Boulevards." Nur daß dieser Ausspruch auf zahlreiche Straußsche Tänze keine Anwendung verträgt, weil sie künstlerischen Einwänden nicht standhalten können.

Es ist klar, daß der Maßstab zur Schätzung eines Meisters nur dann der rechte ist, wenn seine höchsten Leistungen in Betracht gezogen werden und nicht jene, in denen sein Wesentliches schweigt. Der Wert seiner unvergeßlich freudigen, lebenskräftigen Weisen wird um nichts dadurch vermindert, daß Johann Strauß bei seiner Reise in die Unsterblichkeit manch schweres, sehr irdisches Gepäck zurücklassen mußte, das nur seiner Zeit und seiner Generation angehört, durch sie bedingt war und mit ihr untergehen wird. Aber ganz abgesehen davon, daß auch hier fast in jedem dieser kleinen Stiefkinder seiner Begabung Taktgruppen stehen, die nur einer gleichwertigen Umgebung bedürften, um ein ewiges Leben zu führen und daß auch in ihnen eine Menge musikalischer Kleinkunst enthalten ist, voll Temperament, Eleganz und echter Wiener Laune, — abgesehen von alledem ist es sehr fesselnd, gerade diesen nachlässiger hingeworfenen Werken nachzuspüren, weil sie besser als die vollendeten Schöpfungen die Heimlichkeiten ihrer musikalischen Werkstätte verraten: Kunstgriffe des Handwerks, Impulse des Moments und nachhelfende Zufälle. Nichts Merkwürdigeres als diese Walzer, die Johann Strauß so oft erst bei Tagesgrauen nach durchwachter Nacht, brennenden Auges, schmerzenden Kopfs, aufgestachelt durch schwarzen Kaffee, auf einer Speisekarte notierte, um ein verzweifeltes Komiteemitglied darüber zu beruhigen, daß die Aufführung des Stücks, dessen einzelne Stimmen untertags von hastigen Kopisten aufgeschrieben werden mußten, wirklich am gleichen Abend stattfinden werde; andere wieder bei rascher Fiakerfahrt von einem Lokal zum andern, manche gar während des Spaziergangs auf die Manschette skizziert. Lauter Zeugen einer ununterbrochen fruchtbaren Art der Produktion, an jene Schuberts mahnend, der ja am liebsten im Wirtshaus und in froher Gesellschaft komponierte: nur daß die Entstehung dieser Schöpfungen kaum jemals, wie bei Strauß fast immer, von unerbittlicher und unaufschiebbarer Gelegenheit gefordert worden ist: von Konzertaufführungen oder Ballfesten, auf deren Programm unzähligemal der Titel eines neuen Straußschen Werkes angekündigt war, das in Wahrheit erst am Tage dieser Musikproduktion oder dieser Tanzunterhaltung zu Papier gebracht wurde. Kein Zweifel, daß dieser Titel oft ausschlaggebend für die Komposition wurde, daß er der Erfindung erst Richtung und Charakteristik gab, einen Stützpunkt für die gehetzte musikalische Phantasie. Denn die Namen seiner Tänze wurden fast nie von Strauß erfunden; sie wurden — bei den schon entstandenen — zumeist von Freunden und Verlegern gewählt; die der erst für bestimmte Zwecke zu schaffenden aber gewöhnlich von den betreffenden Festarrangeuren und fast immer mit irgendwelcher Anspielung auf die Berufsgruppe der Ballveranstalter. Für den Journalistenverein „Concordia“ wurden die „Morgenblätter“, die „Leitartikel“, „Telegramme“, die „Publizisten“ und die „Feuilletonwalzer“ komponiert; für die Techniker die „Zykloiden“, die „Schwungräder“, die „Accelerationen“ und „Motoren“, für die Mediziner die „Erhöhten Pulse“, „Paroxysmen“, „Thermen“, „Lebensretter“; den Juristen wieder „Sentenzen“, „Promotionen“, „Wahlstimmen“ und den Kaufleuten „Dividenden“, „Von der Börse“, „Handels-Elite-Quadrille“, und viele ähnlich geistreich und geschmackvoll getaufte andere Tänze. Es ist schwer, daran zu glauben, daß diese Namen anregend auf die musikalische Inspiration wirken mochten; in einzelnen Fällen aber war es unbedingt so, und sie sind die einzigen, in denen überhaupt ein Zusammenhang zwischen Titel und Werk vorliegt. In den „Lava-Strömen“ beispielsweise versucht die Introduktion, kindlich primitiv, wie es für Walzersymphonik taugt, aber doch bezeichnend die Stimmung des Titels anzuschlagen und wer immer über die liebenswürdige Einfalt lächeln mag, mit der hier „Programmusik" gemacht wird, dürfte doch dabei die Bestimmtheit und Einfachheit der charakteristischen Linienführung verwunderlich finden. Oder: die „Accelerationen", die wie unzählige andere Tänze in der eben erzählten Weise entstanden sind: im Morgendämmern nach einem Ballfest, ein ungeduldiges Komiteemitglied zur Seite des champagnerverkaterten, in verknittertem Frack in irgendeinem Winkel des Saales erschöpft ausruhenden Tondichters, der seiner Müdigkeit zum Trotz jetzt auf den nächstbesten Fetzen Papier die Particelle des Walzers hinwirft, nach dessen Klängen abends zum ersten Male getanzt werden soll. Hier braucht nur das erste Thema

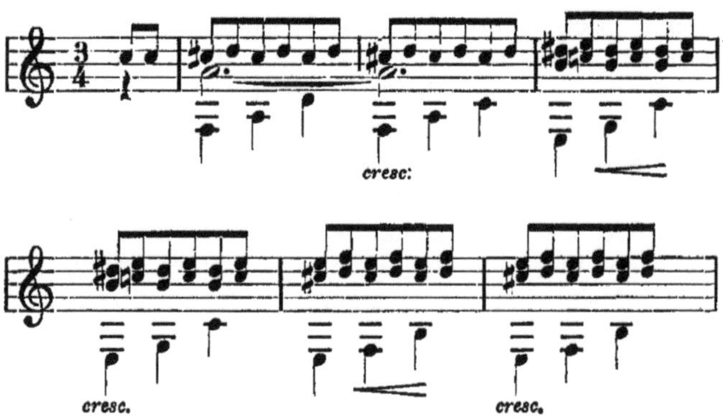

mit seinem furiosen Crescendo zu erklingen, um den Titel sofort zu rechtfertigen und ebenso die· Behauptung, daß dieser Titel erst der Anstoß zu diesem Motiveinfall gewesen ist. Übrigens einer der wenigen Fälle, in denen das „Programm" in der Thematik des Walzers selbst ausgedrückt ist; sonst wird es gewöhnlich in der Introduktion illustriert, der lieblich idyllischen der anmutigen „Thermen" zum Beispiel oder in der ganz rabiaten der „Paroxysmen". Nebenbei gesagt, sind gerade jene in solch wenig günstigem Augenblick erzwungenen „Accelerationen" — die übrigens im Gegensatz zu den meisten ähnlich entstandenen und nach kurzem Dasein wieder verklungenen Tänzen einen weiterreichenden Erfolg hatten — ein wirklich artiges Stückchen; aus dem ersten und dritten Walzer, und dem zweiten Teil des vierten spricht das gewinnende Naturell und die leichtlebige Spannkraft des „lieben Kerls", der sich in allen, auch in den minder geglückten Straußschen Werken mit überredender

Sorglosigkeit meldet. Und es ist ein niedliches Beispiel — eines für viele — wie Strauß die Musik zu kommandieren wußte. Wobei es sehr lustig ist, zuzusehen, wie er sich in anderen, lange nicht mit gleichem Glück der Minute abgerungenen Walzern über tote Punkte hinweghilft: oft rein dynamisch, durch stereotype Wendung. Man kann sich darauf verlassen, daß ihm rein gar nichts mehr eingefallen ist, wenn Perioden wie diese

— die merkwürdigerweise schon in seinem Opus I auftauchen — als Hauptthema einsetzen, die ebenso wie diese

unzählige Male auf alle mögliche und unmögliche Weise abgewandelt werden; Figurationen, zu denen sich dann gern ein abwechslungslos pendelnder Rhythmus ungefähr in dieser Art

gesellt. Dann tauchen gewisse Schneller und Schnalzer auf, die fast gespenstisch anmuten, so tot und rein mechanisch wirken sie hier, gerade weil sie — ebenso wie die gerade zitierten Wendungen — so ungemein bezeichnend für die Straußsche Erfindung sind: man erinnere sich an Takt 5—8 des ersten Walzers in „Rosen aus dem Süden" oder an den Beginn des Fledermaus-Walzers; aber was in diesen blühenden Erfindungen gleich einem stürmisch sich losringenden Jauchzen berührt, wirkt dort, wo bewußte Fertigkeit nur die Gebärde des Wesentlichen und nicht dieses selbst bringt, frostig und schemenhaft, und im liebenswürdigsten Fall unecht wie das Jodeln des Salontirolers. Dazu die rein äußerliche Verwendung bestimmter Ländlermotive und -Figuren; was kein zufälliger Griff zu geschickter Verankerung des Themas ist, sondern tiefer liegt: denn sie finden sich auch in den besten Straußschen Tänzen und es ist sicher, so merkwürdig es erscheinen mag, daß das, was vorhin der „musikalische Ausdruck des Wienertums" genannt wurde, in der grünen Steiermark wurzelt: daß sowohl die idealistischen, wonnevollen Deutschen Tänze Schuberts als die Straußschen Walzer in ihrer glorreichen, besiegenden Laune aus den Naturlauten der Alm, aus den gemächlichen Juchezern des Ländlers gebildet und entwickelt worden sind. (Beiläufig gesagt: auch hierzu ist das Watteausche Bild, von dem ich zu Anfang sprach, eine Parallele. So wie jene Musik dem Alpinen und nicht dem städtischen Wienerischen, entstammt diese Malerei dem Vlämischen, und nicht dem Pariser Rokoko. Und bei genauem Hinsehen wird sich in beiden Fällen das Eigentümliche ergeben, daß nicht eigentlich diese Kunstwerke das Wesen ihrer Epoche wiederspiegeln, sondern daß umgekehrt die Generation sich unbewußt dem Wesen des Kunstwerks angeschmiegt hat.) Dieser steirische Einschlag ist in den unmittelbarsten und herzlichsten Eingebungen von Strauß ebenso zu spüren wie in jenen, die gleichsam nur Einfälle des Handgelenks sind und ein feiner Kenner und Vermehrer populärer Wiener Musik hat den Reiz dieses Einschlags — wenn auch nur mündlich — auf überzeugende Weise klar gemacht. Nur daß eben dieser köstliche Reiz verschwindet, wenn er bloß zum technischen Hilfsmittel gemacht wird. Wo sich diese Wendungen mit den vorhin angeführten typischen Schleifern, Pralltrillern und nichtssagender Dynamik verbinden, dort ist bloße Technik ohne Einfall. Aber auch diese Technik ist zu primitiv, zu durchsichtig und zu kulturlos, um verhehlen und verbergen zu können, wenn Strauß nur „Noten geschrieben“ hat, ohne vorherige künstlerische Empfängnis.

In dieser naiven Ehrlichkeit, mit der hier künstlerisches Versagen bekannt wird, liegt viel Entwaffnendes und Versöhnendes. Trotzdem bleibt bei hunderten dieser Tanzwerke ein deprimierender Eindruck und desto deprimierender, je weniger sie ganz mißglückt sind: weil in diesen so schleuderisch

„hingehauten“ Stücken — die von den Biographen entweder totgeschwiegen oder beschönigt werden — so viel echte Musik mitverschüttet und verschwendet ist. Während Strauß in seinen Meisterstücken die Taktgruppen sorgfältig gegeneinander abwägt, sie geflissentlich kontrastiert und sie oft geradezu raffiniert zu gliedern weiß, kommt in den schwächeren Werken häufig eine befremdende, stockende Gleichgewichtslosigkeit zutage, eine unbehagliche Unsymmetrie, die auch durch die Wiederholung der Taktgruppe nicht ausgeglichen wird. Dafür aber stößt man gerade hier oft und oft auf überraschend neue harmonische Werte, die manchmal einer ganz äußerlichen und leeren Stelle Glanz und Wesen verleihen; wahrhaft kühne Modulationen, deren famose Keckheit das oft Vulgäre mit seltsamem Reiz umkleidet. Harmonien und Modulationen, deren erfrischende Abwechslung man häufig in den herrlichsten Tänzen des Meisters vermißt, weil er hier offenbar in der Freude an seiner wohlig wiegenden Melodik diese an sich wirken läßt, ohne ihren Zauber noch durch Abschattierung der Übergangsfarben erhöhen zu wollen. Mit der Instrumentierung steht es anders: während die köstlichen Gaben des Komponisten auch im Orchesterklang Muster an feinem und warmem Wohllaut sind, ist in den schwächeren Werken auch die Behandlung der Instrumente weniger edel und durchsichtig, und wenn sie sich auch in ihnen oft zu raffiniertem, ja brutalem Effekt steigert, so ist gerade solcher Effekt gewöhnlich ein Mäntelchen, das die Blöße der Inspiration verdecken soll. All diese Mängel aber sind schließlich Mängel einer Wahllosigkeit, die übergroßem Reichtum ebenso entspringt wie der gebieterischen Eile, der dieser Reichtum gehorsam sein mußte: und er ist so außerordentlich, daß aus der Fülle des hier aufgespeicherten, vergessenen und ungenützten musikalischen Kapitals mehrere lustige Witwenheime gegründet werden könnten. Und es sind Mängel, durch die das Bild des in der Straußschen Musik eingefangenen Wienertums erst zu einem Ganzen wird.

Denn erst wenn man die ganze Reihe dieser Tanzgedichte übersieht, rundet sich das Bild: die wundervollen Landschaften und die sonnigen Traubengelände des „Wienerwalds" und der „blauen Donau" tauchen auf, „Frühlingsstimmen" jubilieren drein, das „Wiener Blut" wird rebellisch, das ganze Behagen verklärter Sinnenfreudigkeit kling bei „Wein, Weib und Gesang" aus und die lockenden Mahnrufe der „Liebeslieder" und „Freut euch des Lebens" finden ihre selige Erfüllung in dem Rebenrausch des Fledermauswalzers... Die lachendste, erfreuendste Seite des Wienerischen... der Wurstelprater zu Musik idealisiert... Mit jenen anderen Tänzen aber steigt man tiefer hinab: es gibt da Walzer, die die falsche und selbstverräterische Noblesse des Vorstadtstutzers haben, Polkas und Märsche, in denen das ganze Fiaker- und Volkssängertum lebendig wird, —

freche Reihen von Notenstrizzis, von Plattenbrüder- und Wäschermädeltönen — — Dunkelstes Wien. Musikalischer Thury. Aber auch im geringsten dieser Tänze ist jene werbende Kraft, die zum Reigen zwingt. Nietzsche spricht von Musik, die Nerven und Rückenmark „überredet“; diese überredet die Beine. Den Unterschied zwischen Lanner und Vater Strauß hat Johann Strauß einmal charakterisiert: „Bei den Walzern von Lanner hieß es: ich bitt' euch schön, geht's tanzen; bei denen des alten Strauß: Geht's tanzen, i will's.“ Aber die des jungen Strauß gebieten: Geht's tanzen, ihr müßt!

Deshalb, als Symbol sowohl wie als Hilfsmittel zum Einblick in die Arbeitsstatt des Meisters, werden auch diese Werke ihre Bedeutung behalten und sie sind darum mit einer Ausführlichkeit behandelt worden, die sonst dem Schöpfer so vieler leuchtender jasagender Musik von höchstem Anmutswert gegenüber ungebührlich wäre. Der Biograph wird sie gerne missen; sie als „Bekenntnis“, als Abbild der Persönlichkeit des Künstlers zu betrachten, wäre wohl ungerecht. Aber als ein — sicherlich nicht mit Bewußtsein geschaffenes — Abbild der Volksseele haben sie Geltung. Es sind Dokumente. Wenn auch für den Kulturhistoriker mehr als für den Musiker.

IV.

„Wiener, seid froh!
Oho, wieso?
Ein Schimmer des Lichts —
Wir sehen noch nichts.
Der Fasching ist da!
Ah so, na ja!
Was hilft denn das Trauern
Und das Bedauern?
Drum froh und heiter seid!"

as sind die Worte zu einer Melodie, die sich den Erdkreis erobert hat vom Nordkap bis nach Südafrika; einer Melodie von höchster Beschwingtheit, in breitem Atem hinwehend, süß und leidenschaftlich, kindlich wie ein altes Volkslied, voll sehnsüchtiger Freude und lieber Herzlichkeit. Sie ist untrennbar mit Wien verknüpft, volkstümlicher als das Kaiserlied, ein Wahrzeichen der Stadt, gleich dem Stephansturm oder der Spinnerin am Kreuz. Es ist die „schöne blaue Donau".

Kaum faßbar, daß diese Melodie durch solch albern-dreiste, läppisch dumme Worte angeregt worden ist; daß sie die „Komposition" dieses Textes ist: will sagen, daß diese Verse in solchen Tönen wiedergeboren worden sind. Betrachtet man sich andere wertvolle Straußische Musik im Zusammenhang mit ihrer „Dichtung", so wird es klar, daß jenes Gefühl des Unfaßbaren im Recht ist.

Ein Beispiel: Die „Fledermaus". Musik, die von Göttern zu stammen scheint; aber nicht von den grämlichen Schicksals- und Wettermachern der Menschheit, — von leichtfüßigen, hell-lachenden, sehr unmoralischen Göttern, die tief unten auf einer südlichen Insel, mitten im spiegelglatten, tiefblauen Meer unter glühender Sonne wohnen und die ein Glücklicher belauscht hat, — einer der Lieblinge, vor denen die schweren Rätsel der Welt sich zu tanzender Sorglosigkeit lösen. Aber an diese adelig frohe, zu herrlichem Leichtsinn aufwiegelnde Musik sind bleischwer plebejische Worte gehängt. Man schlage aufs Geratewohl auf:

„Ein Souper heut uns winkt,
Wie noch gar keins dagewesen,
Delikat, auserlesen
Immer hier man ißt und trinkt.
Alles, was mit Glanz die Räume füllt,
Erscheint uns wie ein Traumgebild,
Wie in einen Zauberkreis gebannt,
Ruft alles: ha, scharmant!"

Das wird in einem prickelnden, aufschäumenden Zweivierteltakt gesungen, in Tönen, die gleich flinken Libellen schillern und gaukeln.

Oder:

„Mit dem Profil
Im griech'schen Stil
Beschenkte mich die Natur,
Wenn nicht dies Gesicht
Schon genügend spricht,
So sehn Sie die Figur."

Dazu der köstliche, zögernd kokette, erst ein wenig melancholische und dann in zart unirdischem Übermut fortflatternde Walzer,

den man sich am liebsten von einer zierlichen Schäferin mit Bänderstab, von weißen Lämmern umgeben, schalkhaft lockend gesungen denken möchte.

Und so bei jeder beliebigen Stelle der Partitur.

Ein zweites: „Indigo". Musikalisch wohl das reichste Werk des Meisters, vielleicht nicht so vollendet und auch nicht so geistreich amüsant wie die „Fledermaus", dafür aber noch strotzender, verschwenderischer in der frenetischen Gesundheit und Fülle der niemals stockenden Grazie und Liebenswürdigkeit reich ausgeschütteter Melodik; und in der Buntheit und Abwechslung des Rhythmus. Da reißt ein vehement niederrennendes, einem Wirbelwind gleich hinsausendes, wahnsinnig ausgelassenes Presto jedes Hemmnis mit sich fort:

und zu diesem jauchzenden Gelächter humpeln solche Worte einher:

„König, nimm von mir
Ein Souvenir
Hier;
Ich, der Eseltreiber
Geb's mit Freuden dir.
Denn auch ich will scheiden
Mit den beiden —
Esel find ich sicher dort wie hier."

Man atmet ordentlich auf, wenn zwei der reizendsten Walzerstellen auf den erlösenden Text „lalalala" ·esungen werden und ist nur betrübt, wenn dieses erquickend unschädliche Lalala durch bösartige artikulierte Silben unterbrochen wird:

Frisches Blut und Leben
Diese Töne geben,
Lalalalala,
Welch ein wonnig Wiegen,
Biegen,
Schmiegen.

Der Walzer ist weltberühmt geworden durch seinen Kehrreim, dessen stille Bosheit kaum in der Absicht der Dichter gelegen haben mag:

Ja, so singt man in der Stadt, wo ich geboren,
Ja, so singt man ganz allein doch nur in Wien!

Und mit der gleichen aufreizenden Gutmütigkeit, die in künstlerischen Dingen „ganz allein doch nur in Wien" möglich ist, hat man sich's gefallen lassen, im „Spitzentuch" zu den Tönen der selig selbstvergessenen, süß verträumten „Rosen aus dem Süden" ein Loblied auf „die Trüffel, ach der Tafel schönste Zier" anhören zu müssen.

Bei jedem anderen Tondichter wäre hier ein Doppelproblem aufzuwerfen: wie es möglich und denkbar ist, solch erbitternd törichte, unverschämte Kommispoesie in Musik zu setzen, Töne zu schaffen, die eine Wiedergeburt, ein Durchleuchten und Ergänzen der dichterischen Stimmung sein sollen, — was ja die Bedeutung der dramatischen Komposition ist; und ob, da ja die Straußischen Töne glücklicherweise keine solche Wiedergeburt sind, der Text oder die Musik das primäre war.

Beide Fragen fallen bei Johann Strauß weg, weil sie durch die Tatsache aus der Welt geschafft werden, daß er eben nie „in Musik gesetzt", nie einen Text oder gar eine Szene „komponiert" hat; er hat einfach „Musik gemacht", Musik an sich, unabhängig vom Wort, gleichgültig gegen den Sinn. Weshalb es ganz unwesentlich ist, ob der Text früher da war als die Musik oder ob er später unterlegt worden ist.

Johann Strauß hat niemals „komponiert". In keiner Bedeutung des Ausdrucks: weder musikalisch noch dramatisch. Seine größeren, zusammenhängenden Musikstücke, seine Ouvertüren und Finales sind Mosaik — sie haben alle die Form des Potpourris. Ihre Themen sind aneinander gefügt, nicht auseinander gewachsen. Auszunehmen ist vielleicht das glanzvolle zweite Finale der „Fledermaus", bei dem der Tanz auch textlich motiviert ist und deshalb als Einheit wirkt, und das erste des „Zigeunerbaron"; — ein deutliches Zeichen, daß Strauß sich den dramatischen Stil hätte erobern können, wenn ihm nicht jene musikalische Kultur gefehlt hätte, die in der Fähigkeit des Aufbauens liegt, des Einheitenschaffens aus vielfältigem Motivmaterial. Ebenso wie ihm jene geistige gefehlt hat, die sich empört dagegen gewehrt hätte, derartige Textunterlagen durch seine Töne zu adeln, und noch zorniger dagegen, daß zu schon bestehender Musik von bezwingendster Lust erbärmlich mesquine Worte gefügt werden, durch die sie zur „Operette" geschändet wird und die man wieder von ihr ablösen muß, wenn man ihre in vollkommener Eigenart wurzelnde, betörende Heiterkeit und Unschuld ganz empfangen will.

Nur, daß all dies ihm ganz gleichgültig war. Mehr: er hat es überhaupt gar nicht empfunden. Das macht: er hat eben niemals „dramatisch" musiziert. Kaum je den Versuch gemacht, einen Menschen musikalisch hinzustellen, seelische Vorgänge in Tönen auszudeuten, einem dichterischen sein musikalisches abzugewinnen und das eine durch das andere zu bedingen und zu ergänzen. Für diese Art des Schaffens fehlt ihm jedes Organ. Er streut ganz unbefangen, ganz seinem inneren Erklingen hingegeben, seine Melodien hin und sie regnen auf den Text nieder, der ihm gerade vorliegt — gleichviel, ob sie zu ihm taugen oder nicht. Ist eine Anpassung nötig, so wird sie künstlich vorgenommen. Was freilich bei Liebesduetten und ähnlichen Stücken schwer geht: hier scheint Strauß wirklich die Texte „in Musik gesetzt" zu haben. Aber man fühlt auch, wie er hier sofort unfrei wird. Die erotischen Partien seines Werkes sind durchaus schwach: von falscher Sentimentalität, übertrieben in ihren schmachtenden „Drückern" und voll verräterisch unvornehmer Wendungen, — man spürt immer ein Zuviel, das das innere „Zuwenig" ausgleichen möchte. Von diesen Fällen abgesehen aber hat sich Strauß um das Singuläre seines Textbuchs, um das Menschliche seiner Gestalten, um das Dramatische der Situation kaum jemals bekümmert: bestenfalls hat ihm die

„1884"
„Horcht, und nehmet mit nach Haus
Ein frisches Sträußchen von unserm Strauss"
Tempo di valse
dolce
Johann Strauss

einzelne Strophe die Anregung zu einem bestimmten Rhythmus, das Milieu des Ganzen die Anregung zu einem bestimmten Kolorit gegeben: zu den Zigeunerchören im „Zigeunerbaron" zum Beispiel oder zu der Barkarole in der „Nacht in Venedig" — außerordentlich geglückten Stücken, die aber doch rein dekorativ sind, weil ihr Ton nicht festgehalten wird; er schlägt sofort wieder in den wienerischen um. Weshalb man, mit Ausnahme weniger Stellen, die Musikstücke sämtlicher Straußschen Operetten untereinander vertauschen könnte, ohne daß das Dramatische im mindesten darunter zu leiden brauchte. Weil ihm eben die Vorgänge seiner Werke, die Seelenregungen seiner Figuren — soweit man bei diesen „Libretti" überhaupt von solchen Dingen sprechen kann — vollständig gleichgültig waren.

Wüßte man's nicht und wär' es nicht aus jedem Takt ersichtlich, so müßte es ein sehr interessanter Brief beweisen, den Johann Strauß einmal an Paul Lindau geschrieben hat, den der Empfänger zu Weihnacht 1907 im „Neuen Wiener Journal" veröffentlichte und der es schlagend zeigt, wie unglaublich weit diese Gleichgültigkeit geht. Er lautet unter Weglassung des Unwesentlichen:

Samstag nachts.

Lieber verehrter Freund!

Besten Dank für Deine lieben Zeilen. Es freut mich, daß es Deinem Wohlwollen gelungen, mein letztes Werk mit freundlicherem Blick zu betrachten, als es im allgemeinen geschieht. Was meine Leistung betrifft, konnte ich mit bestem Willen keine Inspiration für das Buch gewinnen. Es hat weder eine poetische noch komische Färbung. Es ist eine zerfahrene, schwulstige Geschichte, die eigentlich keine Musik braucht. Von Handlung keine Spur, ebensowenig von einem Bedürfnis für Musik. — —

Ich habe nie das Libretto mit seinem Dialog vor mir gehabt, nur die Gesangstexte. Ich habe daher manches zu edel aufgefaßt, was der Sache geschadet hat. In diesem Buche gibt's nichts, das edel aufzufassen ist. Bei den letzten Proben, bei welchen ich die ganze Geschichte kennen lernte, war ich ganz erschrocken. Kein redlich Fühlen, keine Wahrheit, keine Vernunft endlich! Nur Narretei!!!

Die Musik paßt gar nicht zu diesem tollen kunstlosen Zeug. Es ist ein Schwank tollster Gattung ohne Musik (oder höchstens ein paar Schnadahüpfeln). Es ist bar jeder wahren Herzensempfindung, jeder gesunden Vernunft, aber auch jeder komischen Situation, die aus dem Stoff entspringt. Und deshalb Räuber und Mörder?!

Lebe wohl, lieber Freund, — bitte Dich, niemandem die heute gemachten, mich betreffenden Enthüllungen aus dem Blaubuch Mitteilungen machen zu wollen. Aber wahr ist die Geschicht'! Mich freut nur eines: daß man den gänzlichen Abfall in Berlin nicht zu verhindern vermochte.

Ich möchte mich noch mehr freuen, wenn das Ganze bald ins Versorgungsheim käme. Es kann mir gestohlen werden, ich weine ihm keine Träne nach.“ — — — —

Ein musikalisches Lustspiel zu komponieren, dessen Handlung einem erst auf der Bühnenprobe bekannt wird, — bloß die Verseinlagen zu vertonen, ohne die Szenenfolge zu kennen, ohne zu wissen, aus welcher Stimmung das einzelne Gesangsstück herauswächst — weiter kann die Indolenz gegen das Dramatische nicht mehr getrieben werden.

Man täte Strauß unrecht, wenn man annehmen wollte, daß er immer so gearbeitet hätte — aber sein ganzes Verhältnis zur Bühne, die Art seines Schaffens wird durch dieses verwunderliche Bekenntnis grell bezeichnet. Möglich, daß ihm seine Texte keine Befriedigung gewährten, daß ihn Kontrakte und „Beziehungen“ zwangen, derartig Minderwertiges zu komponieren, daß er sich schließlich um das Stoffliche gar nicht mehr kümmern mochte. Möglich — obwohl es kleinere Künstler als ihn gegeben hat, die dann lieber ganz auf solche Arbeit verzichteten. Vielleicht wäre es anders gekommen, wenn er einem wirklichen Dichter begegnet wäre; wenn er, statt die beherzte Grazie seiner Töne fast immer an die geistlos philiströsen anwidernden Textkonstruktionen vorstadtmäßiger Lustigmacher zu vergeuden, deren höchste Kunst es ist, möglichst viel Reime auf die gleiche Endsilbe zu finden, den Glücksfall eines echten Komöden, eines Lustspielpoeten erlebt hätte, der Menschliches mit Humor und phantastischer Überlegenheit zu gestalten weiß. So hat sein einziger Dichter Alexander Girardi geheißen — der Darsteller ist ihm zu Hilfe gekommen, hat aus Puppen, die für das Spaßbedürfnis kläglicher Berufskomiker hergerichtet worden waren, typisch Menschliches zu schaffen gesucht und hat gezeigt, welche Höhe möglich gewesen wäre, wenn solche Schöpfung vom Dichter ausgegangen wäre, statt vom Schauspieler, der sein ergänzender Teil ist. Dann wäre freilich die ideale Musikkomödie geboren gewesen — ein ebenbürtiges Lustspiel zu einer Musik, wie jene, die die „Fledermaus" unsterblich macht.

Daß Johann Strauß diesen Poeten nicht gefunden hat, oder daß er sich für ihn nicht gefunden hat, ist ein tragisches Geschick. Denn daß er es vermocht hätte, sich des dramatischen Organs künstlerisch schöpferisch zu bemächtigen, darf nicht in Zweifel gezogen werden: es sprechen viele und entscheidende Zeichen dafür. Besonders in seinen späteren Werken, nachdem sich ein Reifeprozeß in ihm vollzogen hatte, der ihn weit weg von jenen Kapellmeisterspielereien führte, in denen er sich an Tonmalereien kindlichster Art, an der musikalischen Imitation von „Knallkügerln", Flintenschüssen, Pfropfenknallen oder Kuckucksgeschrei ergötzte oder ein russisches Dorf in Tönen zu schildern versuchte. Wer die Anfangsszene des Einsiedlers im „Simplizius" schaffen konnte, in der er seinen Wahnmonolog geschrieben hat, — der ist jener Konzentration und Treffsicherheit fähig, die den Dramatiker ausmachen. Eine fromme, beschauliche Versonnenheit, — die sich freilich zu der des Hans Sachs verhält wie die Léonsche Poesie:

„In einsam ruhiger Betrachtung
Und in Verachtung
Jeder Lust,
Der sich nur als des Geists Umnachtung
Des Menschen Seele wird bewußt",

zu der der „Meistersinger". Oder die einsame, schwermütig stille Flußstimmung zu Beginn des „Zigeunerbarons", mit der klagend monotonen Figur

zu der in halben Noten niederschreitenden E-moll-Skala und dann mit den seltsamen, leiterfremden kurzen Rufen der Vögel, während leise gehaltene Töne im Baß langgezogen chromatisch abwärtssteigen — ein Muster vornehmer, mit den einfachsten Mitteln in prachtvoller Intuition hingesetzter Tonmalerei, der Einleitung der Verdischen Nilszene völlig ebenbürtig. Hier begreift man, warum Richard Wagner den Meister als den „musikalischesten Schädel der Gegenwart" empfand und vergißt gern, daß er sich so oft damit begnügt, nur ein musikantischer zu sein. Strauß hätte vielleicht nicht mehr echte Musik erfinden können, wenn er seinem Dichter begegnet wäre; aber die gleiche Erfindung hätte andere Gestalt angenommen und wäre zu unvergleichlich wertvollerer Bedeutung gelangt. Ein tragisches Geschick.

Man wird es nicht allein durch dieses Geschick entschuldigen dürfen, wenn Strauß — auch wenn er hinterher auf die Mängel der Libretti schalt — sich mit den stumpfsinnigen Textbüchern zufriedenstellen ließ, mit denen er sich, gewiß oftmals auch aus opportunistischen Gründen, begnügen mußte. Aber die Schuld liegt nicht allein in ihm und der Wiener Art seines Talents, — ein Talent, dem der Mensch fehlt, wie Bahr es in seinem Buch über „Wien“ als das typisch Wienerische kennzeichnet: und tatsächlich ist, ich habe es schon angedeutet, nichts schwerer, als den Menschen Strauß aus seinem Werk herauszufinden. Aber der Grund liegt tiefer. Es ist der alte Wiener Fluch: sie wollen nicht dulden, daß ein Liebling sein „Gebiet“ verlasse. So ging es mit Girardi, als er des öden Coupletsingens müde wurde und ernste Rollen spielen wollte. Sie haben es nicht erlaubt und er mußte zur Posse zurück. So ging es mit Schnitzler, von dem man immer wieder nur mehr das „süße Mädel“ wollte. Und so ging es mit Johann Strauß. Als er seine ersten Walzer schrieb, wollten ihn alle zur Polka zurücktreiben: er werde ja doch seinen Vater nicht erreichen. Als er versuchte, in den „Schallwellen“ oder den „Wellen und Wogen“ den Walzer harmonisch reicher auszugestalten, schrie Hanslick (— der bei allem Großen oder Neuen versagte, bei Wagner und Bruckner, Brahms und Wolf, Bach und dem letzten Beethoven, und ebenso bei Johann Strauß, dessen „Indigo“ er nur „mäßig bewunderte“ und den er bei der „Fledermaus“ kühl aburteilte —) Zeter und Mordio, verwies diese schüchternen Versuche in die Große Oper und die Symphonie und prägte das Wort vom „Walzerrequiem“. Als Strauß seine ersten Operetten schrieb, wollte alles von ihm nur Walzer hören und riet ab. Der „Donauwalzer“, diese vom Himmel gekommene Eingebung, ist durchgefallen. Die „Fledermaus“ ist durchgefallen. Und als er gar mit dem „Ritter Pasman“ wagte, den Stil der heiteren Oper zu erobern, wies man ihn ernstlich in das Gebiet der Operette zurück. Statt die Begabung aufzustacheln und immer höher zu treiben, weil man fortwährend das Höchste von ihr verlangt, wird sie abgeschreckt. Wer weiß, ob er noch den Mut gehabt hätte, zuzugreifen, wenn jener Dichter wirklich gekommen wäre... Man wird es menschlich begreiflich und verzeihlich finden müssen, wenn einer, der trotz alles Umjubelns und aller äußeren Erfolge immer zurückgehalten und entmutigt wird, schließlich an sich verzagt, müde wird und sich beschwichtigen läßt...

V.

Der Begriff „Operette“ ist eigentlich von der zünftigen Ästhetik niemals in eine Formel gebracht worden. Das ist verwunderlich. Denn die ästhetischen „Gesetze“ sind gewöhnlich abstrakt diktiert worden, nicht als Regel, die als vitale Notwendigkeit irgendeines Meisterwerks erst aufgesucht wird und die mit jedem neuen Genie anders wird oder neu geformt werden muß. Sondern unabhängig vom lebendigen Schaffen diktiert, bloß aus der Theorie heraus. Was im Fall „Operette“ um so leichter gewesen wäre, als es ein künstlerisch restloses und vollwertiges Vorbild für diese Art der dramatischen Form eigentlich nicht gibt: die französischen Werke dieses Genres repräsentieren sie annähernd, vielleicht — wenn auch in ganz singulärer Spezialistik — die parodistischen Schöpfungen Offenbachs. Will man aber vom Vorhandenen, und besonders von der sogenannten „Wiener“ Operette einen Begriff abstrahieren, so kommt etwas heraus, was mit Kunst nur zufällig etwas zu tun haben kann: ein unreines Vielerlei, eine ganz willkürliche Mischung, ein buntes

Aneinanderreihen von Dialog, Musik oder Tanz ohne innerliche, bedingende Wechselbeziehung; keines voneinander abhängig, ein beliebiges Nacheinander zu gedankenloser Unterhaltung. Wobei es — wie bei Johann Strauß — natürlich passieren kann, daß ein Teil dieses Nacheinander Kunst geworden ist: um so stärker und verstimmender wird der Kontrast zum übrigen sein, wenn er zum Bewußtsein kommt und wenn er nicht, wie es bei Strauß zumeist geschieht, durch elementares Hinwirbeln der Musik fortgefegt und vergessen wird. Aber ebenso absurd, als dem Walzer die Möglichkeit absolut künstlerischer Struktur abzusprechen, wäre das bei der Operette, — bloß deshalb, weil es bis jetzt kein Beispiel einer in allen Teilen künstlerisch gestalteten Operette gibt. Vorstellbar ist sie deshalb nicht weniger.

Es ist vielleicht nicht ganz uninteressant, den Bedingungen nachzuspüren, die zu einer ganz reinen und auch den verwöhnten und kultivierten Geschmack nicht verletzenden Erfüllung dieser vielgescholtenen und immer wieder begehrten tondramatischen Form führen könnten. Bedingungen, die sicherlich ebensosehr im Stofflichen als im Formalen liegen und sicherlich nicht, wie es so oft angenommen wird, in einer gröberen Art der Musik — im Gegensatz zur heiteren Spieloper — oder gar in ihrem Tanzcharakter.

Die Grenzen zwischen der Operette und der komischen Oper sind nicht leicht zu ziehen. Man hat die Unterschiede der beiden Gattungen oft mit denen zwischen Lustspiel und Posse verglichen: aber die niedrigere Sphäre des Komischen ist gewiß kein spezifisches Kennzeichen der Operette, — sonst müßten Lortzings gutmütig heitere, derb bürgerliche Schöpfungen ohne Bedenken zu diesem Genre gezählt werden, während sie Muster der „komischen Oper" sind. Ebensowenig ist der gesprochene Dialog, der die einzelnen Gesangsstücke trennt, ein Kriterium der Operette; wofür wiederum Lortzing ebenso anzuführen ist als manche Schöpfung von weit edlerer und bereichernderer Art: „Fidelio" oder „die Zauberflöte" wären sonst in der gleichen ästhetischen „Rubrik" zu registrieren. Wie die Sache jetzt steht, ist — vom innerlichen Wert der Werke ganz abzusehen — allerdings ein Gegensatz zwischen der sogenannten „Spieloper" und der heutigen Operette festzustellen, und zwar einer, der gerade ihr Unkünstlerisches ausmacht: während in jenen vornehmeren Werken der Dialog alles zusammenfaßt, was der Musik unzugänglich ist und nur in jenen gesteigerten, menschlichen Momenten, die erst durch die Töne vollkommen auszudrücken und zu durchleuchten sind, zur Musik überleiten — aber so, daß die Handlung durch die Musikstücke nicht nur nicht stockt oder unterbrochen wird, sondern erst durch sie ihr Relief und ihr Typisches erhält, — wird in der Operette die gesamte dramatische Handlung in den Dialog gepreßt und die Musik nur zu Einlagen benützt, die mit dieser Handlung in keinerlei innerem Zusammenhang stehen, die sie niemals vorwärtsbewegen und deren Reihenfolge und Inhalt man — mit geringen Ausnahmen — beliebig umstellen könnte. Die einzelnen Tonstücke der Musikkomödie entwickeln sich aus der Stimmung der szenischen Vorgänge heraus; die der Operette aus Stichworten, — und zumeist aus solchen, die erst zu diesem Zweck herangezerrt werden. Ein fingiertes Beispiel für beides: man nehme an, das große Liebesduett der Hauptheldn sei vorüber und es kommen Dienerin und Knappe, die sich erst zanken und dann umarmen. Der Gegenstand des Zanks mag unmusikalisch sein; er wird also in der Spieloper in Prosa erledigt werden, bis die einfachen, triebhaften Empfindungen zu Wort kommen und naturgemäß in einem zärtlichen Duett ausklingen. In der Operette aber wird, auch weil zu viel Liebesszenen „gefährlich" sind — was natürlich nur an der Empfindungsarmut des Texts liegt — das Ganze in Dialogform abgewandelt werden, bis die Zofe neckisch unterbrechend ihrem Liebhaber beispielsweise sagen wird: „aber geh, stolzier' nicht so, bist ja der reine Gockelhahn". Worauf der soeben noch Zornige oder Kosende ein strahlendes Gesicht machen und das Wort mit einer Gier aufschnappen wird, deren nur ein Coupletdichter fähig ist: „Gockelhahn! Weißt denn, wie es ein Gockelhahn an meiner Stelle machen tät'?" Und jetzt kommt ein überaus geistreich pointierter Zwiegesang von „Gockelhahn und Henne", wennmöglich mit dem Refrain „Kikeriki und Gluckgluckgluck", mit Tierstimmenimitation und einer Wiederholung der bloßen Musik als Tanz, in dem dann Hahn und Henne gezeigt werden, wie sie Walzer oder Polka tanzen. Vielleicht eine harmlose, banal nette Varieténummer. Bestenfalls. Aber mit den äußerlichen oder gar innerlichen Vorgängen des Lustspiels durch nichts verbunden, unorganisch aufgepfropft, ohne irgendwelche Beziehung zum Vorher oder Nachher und zumeist nur deshalb nicht als läppisches Retardieren empfunden, weil man froh ist, die Prosa der Librettisten für einige Minuten los zu sein, in denen die Darsteller ihre Separatkünste zeigen können. Nur daß man dann gleich ins Kabarett gehen mag.

So aber sind fast alle Operetten der letzten Zeit. Nicht die der siebziger Jahre: manche Werke Lecoqs, Planquettes, Suppés, Millöckers „Bettelstudent" und — aus neuerer Zeit — auch Heubergers „Opernball" sind anders. In ihnen ist noch der Versuch gemacht, zusammenhängende Musik zu schreiben und sie aus der Handlung zu gewinnen. Der Zerstörer wider Willen war Johann Strauß. Er hat wirklich aus der Not eine Tugend gemacht, hat mit seinen Tanzweisen die Unsinnigkeit der Texte verschüttet und überrankt, und wäre einer dagewesen, der diese Tanzmusik als textgestaltendes Prinzip erfaßt und ihm entsprechend die Buchunterlage geformt hätte, so wäre eine Stilform der Operette dagewesen, gegen deren Künstlerisches kein

Einwänd möglich gewesen wäre. So aber ist es bei der Buntscheckigkeit der an den textlichen Vorgängen vorbeikomponierten „Einlagen“-Musik geblieben und die bösen Folgen haben sich eingestellt; bei seinen Nachfolgern ist diese Art zur Not einer Untugend geworden: sie haben nur die Zusammenhanglosigkeit der Musik und des Textes, nicht aber die Genialität erfaßt, mit der diese Zusammenhanglosigkeit vergessen gemacht wurde. Dazu der Einfluß und der ungeheure Erfolg der englischen Tanzoperette (der „Mikado“ oder die „Geisha“), in der die Einlage zur Regel erhoben wurde. Das Resultat: eine beliebige Handlung, mit beliebigen Rauchtheaternummern gespickt, — ein Typus, der artistisch genommen sicherlich noch tiefer steht als der der „Posse mit Gesang“. Die halbwegs siegreichen Operetten der letzten Jahre sind durchwegs von dieser Art. Jeder Versuch, zur Vernunft zurückzukehren, ist gescheitert, — freilich aber waren auch zumeist die Qualitäten der Texte und der Musik dieser Versuche so dünn und farblos, daß ihre Langeweile den ersichtlichen Ernst nicht wettmachen konnte, der hier bessernd am Werk war. Erst die beiden großen Erfolge der allerletzten Zeit, der „Walzertraum“ und die „lustige Witwe“, und besonders die parodistischen Operetten von Oscar Straus („die lustigen Nibelungen“ und „Hugdietrichs Brautfahrt“) bedeuten ein Loslösen von jenem Zwitterwesen. Aber bis zur völligen Eroberung eines wirklich künstlerischen Operettenstiles ist es auch von hier aus noch recht weit.

Sicher aber ist, daß die Operette nur dann eine Zukunft haben kann, wenn auch in ihr völlige Einheitlichkeit herrscht; wenn der Stoff aus dem Geiste der Musik heraus geboren ist und wenn das Musikalische nicht unvermittelt, sondern mit unbedingter Notwendigkeit auftritt, als Deuter psychischer Vorgänge ebenso wie als Steigerung der dramatischen Handlung, aus der es herauswachsen muß und mit der es untrennbar verknüpft ist. Ein Problem, das gewiß erst dann zu vollkommener künstlerischer Lösung gelangen wird, wenn auch in dieser leichteren und keckeren Form Text- und Tondichter in einer einzigen Person vereinigt sind.

Alle diese Dinge aber geben noch nicht den rechten Aufschluß über das Wesen der Operette, weil sie Alle verschiedenen Gattungen gemeinsam sind. Dieses Wesen wird vielleicht von einem anderen Standpunkt zu deuten sein: von dem des Lokalkolorits. Ein und derselbe Stoff mag für das Musikdrama großen Stils, für die komische Oper oder für die Operette taugen; der Unterschied wird nur im Milieu und, wie es sich von selbst versteht, in der stilistischen Behandlung liegen, die ja im übrigen durch dieses Milieu erst bedingt wird. Bleibt ein Vorgang im Allgemein-Menschlichen und spielt in einem Nirgendwo, so gehört er ins Tondrama; wird er in ein Irgendwo verpflanzt, aber ohne daß er durch Kostüme und Zeit bedingt wird, so gehört er der Spieloper; wird er an einen bestimmten Ort zu bestimmter Zeit gebunden, so daß beides aber Situation und Kolorit bedingt, so beginnt die Herrschaft der Operette. Wozu aber noch kommt, daß hier phantastische, ja unwahrscheinliche Voraussetzungen leichter möglich sind als in irgendeinem anderen Genre. Ein Beispiel zur Verdeutlichung. Ein dichterischer Lustspiel-Urstoff: der Mann, dessen siegreiche Kraft den Trotz des liebenden Weibes besiegt. Das ergibt, ganz im Allgemein-Menschlichen gelassen, das hedonistische Musikdrama großen Stils: Siegfried und Brünnhilde. Übertragen auf irgendein beliebiges Verona, als zufälligen Schauplatz, der aber für das typische Thema ebensogut Konstantinopel sein könnte: die komische Oper — „der Widerspenstigen Zähmung". Und derart an ein Lokales gebunden, durch die sozialen Verhältnisse bedingt, vom Ton einer bestimmten Zeit und Gegend beherrscht: die Operette — nur daß ich keinen Titel anführen kann, weil sie nicht existiert; etwa eine Umkehrung der „lustigen Witwe", deren ungeheurer Erfolg, beiläufig gesagt, wohl hauptsächlich aus dem Stückchen „Urstoff" und dem freilich fast ganz versteckten Typisch-Menschlichen, das darin steckt, zu erklären sein dürfte. Wo dieses Typische fehlt, hört das Dramatische im künstlerischen Sinn auf. Und die moderne Operette beginnt.

Noch ein Unterschied und vielleicht der grundlegendste von allen: in der Spieloper ergänzt die Musik das Dichterische, macht das Menschliche transparent, gibt den Gestalten Fülle und Wesen, bedeutet die seelische Atmosphäre des Ganzen. Während die Operettenmusik dem Operettentext parodistisch gegenübersteht: sie nimmt ihn nicht ernst, auch in den scheinbar ernsten Szenen nicht, sie übertreibt und karikiert, macht sich lustig, desavouiert den Text, ist kein Durchleuchten, sondern Hohlspiegelwirkung. Musterbeispiel: Offenbach. Oder der erste Akt der Fledermaus, in dem auch das Sentimentale outriert, das Heitere zur Farce wird. Das „o je, o je, wie rührt mich dies" nach dem schmachtenden „so muß allein ich bleiben", ist der Typus für die frivole Grazie des ganzen Genres, das aber sicherlich nur dann in dieser Art Berechtigung hat, wenn es stilistisch konsequent festgehalten wird. Was aber fast nie der Fall ist. Und deshalb bleibt es so schwer, hier ästhetische Grenzen zu ziehen.

* * *

All das nun auf Johann Strauß angewendet: Er selbst hat die Grenzen zwischen komischer Oper und Operette kaum empfunden: gerade jene seiner Werke sind „komische Oper" genannt worden, die — im angeführten Sinne — am operettenhaftesten waren. Und umgekehrt. Denn in manchen Straußschen Werken ist eine Spur jenes Typischen, vom zeitlich Zufälligen Abgetrennten zu ahnen, das einzig das Musikbedingende und Musikermöglichende im dramatischen Gefüge bedeutet. Freilich nur eine Spur; und eine, die von den Verfassern der Textbücher fast immer übersehen und mit schalen Quiproquos, mit vermeintlich lustigen Arabesken und aufdringlichen Coupleteinlagen vernichtet worden ist. Aber wo sie deutlicher da ist, wie beispielsweise im „Karneval in Rom", in dem das Thema des verlassenen Mädchens, das den Geliebten vor schmerzlichem Verrat bewahrt und ihn durch rührende und opferwillige Beständigkeit zurückgewinnt, mit mangelndem Geschmack, aber mit einer gewissen Einfachheit behandelt wird, — da versagt merkwürdigerweise der Komponist. Vielleicht gerade deshalb, weil er hier — und noch einmal in der komischen Oper „Ritter Pasman", nach Doczis anämisch humorloser Dichtung — nicht so unabhängig vom Text komponiert hat als sonst; weil ihn das Wort hemmt, statt ihn zu beflügeln. Eine der seltsamsten Erscheinungen bei einem, dem oft dramatische Stimmungen erlesenster Art gelingen — offenbar aber dann nicht, wenn er sie aus dem Text heraus schaffen will, sondern nur dann, wenn schon vorhandene Musik dem Text a posteriori angepaßt werden kann. Kein Zweifel, daß — von der überhaupt unbegreiflichen, ein Versagen im schlimmsten Sinn bedeutenden „Blindekuh" abgesehen — der „Karneval in Rom" und der freilich in der Arbeit weit subtilere, mit behutsamem Geschmack sich selbst abgerungene „Pasman" zu den schwächsten, unlebendigsten Werken des Tondichters gehören; schwunglos, monoton, zaghaft, ohne jeden Impetus pendelt diese Musik ab, der man das ersichtliche Bemühen anmerkt, sich einmal gewissenhafter dem Text anzuschließen als sonst. Trotzdem wäre es wahrscheinlich falsch, aus dem auffälligen Mißlingen dieser Versuche den Schluß zu ziehen, daß die Schöpfung einer wahrhaft künstlerischen Operette für Johann Strauß unerreichbar gewesen wäre: es wären für diesen Glücksfall nur ganz besondere Bedingungen nötig gewesen. Vor allem: die textlich motivierte Ermöglichung der Tanzform. Denn es ist bestimmt anzunehmen, daß zum Fehlschlag des „Karneval" oder des „Pasman" nicht bloß die angeführten Gründe des „hemmenden Worts" und des „bewußten" Komponierens beigetragen haben. Weit mehr noch, daß Strauß hier einfach sein Naturell verleugnen wollte, daß er zu zeigen versuchte, was er ohne Walzer und Polka vermag; daß er vornehm tat, ohne den Tanzrhythmus auszukommen suchte und so sein Bestes beiseite schob. Resultat: völlige Lahmheit, Unprägnanz, Temperamentlosigkeit. Es hat keinen Sinn, es zu leugnen, weil es seine Bedeutung um nichts schmälert: er war immer Tanzkomponist, auch als Dramatiker. Nur daß gerade sein dramatisches Schaffen seinen Tanzrhythmen weit edleren Gehalt, wählerischeren Ausdruck und erhöhte Lebendigkeit gegeben hat.

Von dürftigen Ansätzen zum Besseren im „Karneval", im „lustigen Krieg", im „Zigeunerbaron", in „Jabuka" abgesehen, sind die Straußschen Werke vom

SZENENBILD ZUR „FLEDERMAUS“

„GLÜCKLICH IST,
WER VERGISST,
WAS NICHT MEHR ZU ÄNDERN IST“

Standpunkt des Textes aus betrachtet, „Operette“ schlechtester Art: stofflich antimusikalisch — ein Musterbeispiel: die absolut musikwidrige Intrige im „Spitzentuch der Königin“ — eine willkürliche Abhaspelung gleichgültiger und dabei disparater Vorgänge. Dazu voll jener widerlichen Einlagen, in denen oft die entzückendste Melodik mißbraucht wird oder — noch ärger verstimmend — denen man es anmerkt, daß sie textiert worden sind, um „übrig gebliebene“ und dramatisch nicht unterzubringende Musik doch noch nachträglich zu „verwenden“. Man liebt es, solche künstlich eingehängten Stücke „Schlager“ zu nennen und es gibt welche, die sich als solche bewährt haben: gewaltsam aufgeklebte Texte voll bezaubernder Musik wie der Walzer „Nur für Natur“ aus dem „lustigen Krieg“, Rosalindens Czardas und Adelens Theatercouplet in der „Fledermaus“.

Nur daß all dieser Jammer kaum jemals zum Bewußtsein kommt beim Anhören dieses ungestüm lockenden und freien großen Tanzes. Denn die ganze Straußsche Operettenmusik ist nichts als ein großer Tanz; doppelt wirksam, wo er durch die Vorgänge begründet ist. Daher das Überragen der „Fledermaus“, die ja nichts anderes darstellt als ein betörendes, in Reigen und Rausch aufflammendes Fest und ein wenig Katzenjammer hinterdrein; alles andere ist Vorbereitung und Ausklang und um mehr kümmert man sich nicht. Was die romanische Kultur der Italiener sehr wohl empfunden hat; bei ihnen heißt die „Fledermaus“: „L'Orgia“. Ich glaube nicht, daß es unter den Tausenden, denen die „Fledermaus“-Klänge eine Lebenserhöhung bedeuten, Einen gibt, der sich für die Schicksale des Herrn von Eisenstein, die Racheintrige des auf einem Maskenball genarrten Freundes, die Theaterlust Adelens und den irrtümlich eingesperrten Gesangslehrer sonderlich interessiert hätte, ja, dem beim Anhören dieser verführerischen, alles Grübeln und Nachdenken verspottenden, ganz unvernünftig ausgelassenen Töne jene Vorgänge überhaupt zum Bewußtsein gekommen wären. Vielleicht noch im ersten Akt; dann aber wirbelt das Fest auf, wird ein Symbol, ein Manifest, eine ganz persönliche Mahnung zu Lust und Leichtsinn, — all die läppischen Vorgänge mit der Repetieruhr und dem langweiligen Prinzen Orlowsky verschwinden wie hinter Nebeln, alles Bedenken, alles Störende wird fortgerissen von diesem musikgewordenen Champagner. Mag sein, daß noch zwei Kontraste sich melden: der solchen verklärten Rausches begeisterter Menschen und des mesquinen einer gemeinen Existenz — in der Prosaszene des Frosch; und der der wundervollen Katerstimmung des kleinen Melodrams mit dem genial-jämmerlichen des-c

das sich in der Reminiszenz des prickelnd grazilen Polkathemas

SZENENBILD ZUR „FLEDERMAUS"
„EIN FIDELES GEFÄNGNIS"

wie ein öder Nachgeschmack gähnend meldet. Alles andere ist gleichgültig und der heitere Ausklang des Ganzen wirkt gar nicht als dramatische Lösung der „Konflikte", sondern als Nachhall beglückter Stimmung im einzelnen Hörer, der eine Stunde festlicher Selbstvergessenheit gelebt hat.

Die Macht, die die Straußsche Musik hier ausübt, ist sicherlich durch diese „Motivierung" ihres Charakters bedingt. Sie ist aber, wenn auch nicht in gleichem Maße, in anderen Werken auch wirksam und trägt willig über alle Ärgerlichkeiten der Texte hinweg, deren man sich tatsächlich während des Anhörens kaum bewußt wird. Später freilich meldet sich der Verdruß und weckt die Überzeugung, daß all diese an sich schon belebenden und erfrischenden Klänge zu weit erhöhterem Wert gelangen könnten, wenn es einem Dichter, der auch ein Musiker ist, gelänge, Dialoge und Verse zu ihnen zu schaffen, deren Erfüllung die — scheinbar — aus ihnen hervorquellende Musik zu bedeuten hätte. Eine Aufgabe, die eines großen Künstlers wert und deren Lösung das lang erhoffte und immer nur stückweise bescherte Wiener Heimatskunstwerk wäre.

* * *

Das Operettenwerk des Johann Strauß bedeutet eine Apotheose des Tanzes, eine große Hymne an Terpsichore. Es gibt ein Bild des Belgiers Lempoels, das ein strenges Götterantlitz in den Wolken zeigt, zu dem sich Tausende von Händen emporstrecken: Frauen- und Kinderhände, schwielige, zerarbeitete, dann fein beringte, feiste weiße Prälatenhände, blutige mit zerspaltenen Nägeln — alle wie in einem Schrei in die leere, unerreichte Höhe fassend. Wollte man das Bild des Walzergottes Strauß malen, so müßten lauter Füße drauf: derbe und feine, in Atlasschuhen, Lackpumps, Holzpantinen, Seidenpantoffeln, groben Hausschuhen — und alle vom gleichen Rhythmus unwiderstehlich bezwungen.

Der Rhythmus dieser unbedingten Diesseitsmusik, die im strotzend Animalischen ihrer Fülle manche Verwandtschaft mit der des jüngeren Verdi hat — man vergleiche besonders den „Zigeunerbaron" mit den Werken aus Verdis Mittelzeit — ist in allen Straußschen Schöpfungen derselbe niederrennende und fortreißende. Nicht überall in gleicher Noblesse; aber überall in gleicher Intensität.

Er erscheint mir am reichsten in „Indigo"; vom Vorspiel angefangen, — das, trotzdem auch hier das Aneinander des Mosaik herrscht, eines der gerundetsten Musikstücke von Strauß ist, weil sich die Themen einheitlicher ineinander schmiegen und sorgfältiger verbunden sind als sonst, — bis zum Schluß ist das Ganze eine Orgie von Tanzeinfällen sprühendster Art. Gleich der gravitätisch mutwillige Zweivierteltakt des Beginnes

in seinem gemessenen Schritt und den mutwillig auffahrenden Zweiunddreißigsteln ist genial lustspielmäßig; der reizend wienerische, schwermütig wiegende Gesang

ist gleichsam die zur Melodie eingefangene Stimme des Kahlenbergs, die dann in dem huschenden, hüpfenden Hauptmotiv in allerliebsten Übermut umschlägt, in verhaltener Lustigkeit in dem absichtlich täppischen Marschmotiv

alle Kobolde des Wiener Walds hervorruft und sie dann in dem — schon angeführten — wirbelnden Presto

zu tollem Sommernachtstraumspuk losläßt. (Wobei man freilich niemals an den Text denken darf, der an dieser Musik gleich hemmenden Gewichten hängt.) Aus dem famos schwerfälligen Eseltreibermotiv

und seiner hübschen Kanon-Andeutung blitzt die Laune herzlichster Lustigkeit; der weich strömende Anfangschor ist ein zarter Reigen und die Bajaderen, die ihn singen, sind in Wahrheit die Nixen der schönen blauen Donau: er wäre freilich eindrucksvoller ohne die wenig vornehme Polka, in die er, sehr plump vermittelt, übergeht. Und weiter, wo immer man aufschlägt: die gefällige Anmut des Es-dur-Liedes Alibabas mit der schönen Steigerung

und dem — auf ein gräßliches „hu ho ho hu“ gesungenen — frisch volkstümlichen Walzer, in den es übergeht, ein Walzer, der freilich vor dem „Ja, so singt man in der Stadt, wo ich geboren" und vor allem vor dem jubelnd unwiderstehlichen, festlich heiteren des zweiten Finales

verblaßt. Dann Polkarhythmen von geschmeidiger Eleganz — wie Zenios Auftrittslied, Toffanas Ariette, das zuckend lebendige „Und nun schnell fort von hier" oder das überlustige „Wir sind nicht mehr schwache Weiber" — eine der nötigen Einschränkungen des vorhin gemachten Ausspruchs gebietend, daß Strauß fast nur im Dreivierteltakt genial sei; der mutig aufschnellende Marsch mit seinen stolzen Vierteltriolen — und wieder als Gegenstück der unbeschreiblich duftige Beginn des zweiten Akts in seiner traumschweren Stimmung — ein verklärt wiegender Ringelreihen unter den Baumwipfeln der Wachau. Ein Reichtum, eine Fülle, wie ich sie in keinem andern Werk des Meisters empfinde, wenn auch in jedem Stücke zu finden sind, die auf gleicher Höhe stehen und mit gleicher Ursprünglichkeit von „der Stadt, wo ich geboren" erzählen, von den engen Gassen, den hellen Basteien, den stillen Brunnen und den dämmerigen Plätzen des alten Wien.

Hier mit einer textlichen Neuschöpfung zu beginnen, wäre eine Tat. Sie ist schon einmal — mit

„Tausend und eine Nacht" versucht worden und ist mißlungen. Nicht nur, weil an Stelle eines albernen Textes ein bloß langweiliger gekommen ist. Sondern auch, weil die Musik „bearbeitet" worden ist: verkürzt, entstellt, in ihrer Reihenfolge und oft auch in ihren Steigerungen verschoben. Weshalb aber der Versuch nicht aufgegeben werden sollte. Es ist nicht einzusehen, warum nicht einmal der umgekehrte Prozeß möglich wäre: es muß ja nicht unbedingt immer der Musiker durch den Dichter und es könnte auch einmal ein Dichter durch die schon vorhandene Musik inspiriert werden. Es wäre ein Glücksfall.

Bei einem Teil der anderen Werke könnte möglicherweise schon eine Bearbeitung statt einer Neuschöpfung genügen: es wäre nicht ausgeschlossen, dem „Cagliostro" (dessen erstem Finale mit der brillanten kontrapunktischen Vereinigung zweier Walzer nur das erste der „Nacht in Venedig" mit dem leise in die Gondoliera hineinklingenden Walzer und das zweite der „Fledermaus" ebenbürtig sind), dem „lustigen Krieg", der „Nacht in Venedig" und vielleicht auch — wenngleich mit großer Schwierigkeit — dem „Spitzentuch der Königin" durch Vereinfachung und Verinnerlichung der textlichen Motive einen Reiz abzugewinnen, den die Köstlichkeiten der Musik jetzt nur ahnen lassen; und bei der „Fledermaus" und dem „Zigeunerbaron" wäre eine bloße Reinigung der textlichen Diktion vonnöten — nicht weil diese „Libretti" auf solcher

EINE SEITE AUS DER FLEDERMAUS-PARTITUR

Höhe stehen, aber weil hier die jetzigen Zusammenhänge derart populär im besten Sinn geworden sind, daß auch das „Bessere“ nicht mehr gut wäre und nur zerstörend wirken könnte.

Was freilich lauter Probleme sind, die in der Ferne liegen. Besser, sich an das Nahe zu halten: an die hinreißende Vehemenz des Melodiensturzes, der in jedem Straußschen Werk Unbehagen und Bedenken fortschwemmt. Bedenken aller Art: dramatische — soweit sie bei dieser Art zu schaffen überhaupt auftauchen können — und solche des musikalischen Handwerks. Bezeichnend für das Straußsche Vorbeikomponieren am Text und für das wesentlich undramatische, menschlicher Charakteristik kaum jemals fähige, nur aus Klang, Rhythmus und Farbe Bestehende seiner Musik: er hat niemals eine dramatische Gestalt geschaffen; es war ihm nicht gegeben, den Puppen seiner Textdichter tönendes Leben einzuhauchen, sie zu voller, runder Menschlichkeit zu erwecken. Mit einer Ausnahme: dem Schweinezüchter im „Zigeunerbaron“. Wenn auch hier der Darsteller mitschöpferisch war — es ist charakteristisch, daß es auch Girardi niemals sonst bei Strauß geglückt ist, was ihm hier gelang: eine Figur volkstümlich zu machen, eine Gestalt von behaglicher Lebendigkeit zu schaffen, die sofort leibhaftig und gegenständlich wird, wenn nur ein paar Takte der ihr zugehörigen Musik angeschlagen werden. Sonst sind es nur Taktgruppen, manche Refrains („Glücklich ist, wer vergißt, was nicht mehr zu ändern ist" oder „das ist bei uns so Sitte, chacun à son goût"), aber immer nur einzelne Stücke der Musik und der Texte, die zu „geflügelten" Worten oder Klängen geworden sind; der „Zsupan" im „Zigeunerbaron" ist die einzige „geflügelte" Figur des Straußschen Gesamtwerks. Andere Einwände gelten der musikalischen Mache, deren loses, nachlässig Gefügtes immer wieder vergessen wird vor der erstaunlichen Abwechslung und Vielfalt, mit der immer neue Einfälle hervorsprudeln, einer den andern verdrängend — aber gerade dieses Verdrängen ist wahrscheinlich schuld am Mangel einer sorgfältigeren Fassung dieser reich hingestreuten Edelsteine. Ein Beispiel für alle, eine der ziervollsten Arbeiten des Meisters, von vielen als seine beste eingeschätzt: „der lustige Krieg". Das Vorspiel fängt reizend an, behaglich im Komödienstil schlendernd, durch das latente Moll des Basses eigentümlich gefärbt; dann ein thematisch weitergeführter Übergang zu einer nicht sehr feinen, aber frischen Polka, die sich steigert und dann in etwas primitiver Überleitung zu einem der entzückendsten Walzermotive führt („Kommen und gehn"). Eine bloße Fermate als Ausklang; und unvermittelt darauf ein Marsch, — aber nur ein paar Takte, dann ein zweites, durch drei einleitende Takte von betrübender „Einfachheit" eingeführtes Walzermotiv, das durch das mehr als simple Hilfsmittel einer chromatischen Skala zu der Polka des Anfangs zurückführt. Lauter hübsche Themen, — aber das reine Potpourri; die

Hälfte hätte genügt zu einer entzückenden Ouverture, wenn sie aus einem Guß gewesen wäre. Weiter: Anfangschor, ein flotter Marsch, aber so abscheulich deklamiert,

daß man — obendrein bei diesen wichtig exponierenden Worten — nicht weiß, ob sie schlecht komponiert oder nur schlecht unterlegt worden sind; darauf lauter kurz abgehackte Perioden im Sechsachtel- und Zweivierteltakt, durch Rezitative verbunden, die zumeist ein Psalmodieren auf gleichem Ton sind: gerade in der Operette wäre leichtflüssiger, geistreich geführter Sprechgesang ein glücklicher Gewinn. Darauf ein zweiter ausgeführter Sechsachteltakt von mäßiger Erfindung, gleich danach zwölf Takte Polka, dann wieder sieben Takte Sechsachtel, eine Art Polkarudiment und endlich eine scharmante, in eine Mazurka ausklingende Française, ebenso charakteristisch und die Gestalt des Marchese silhouettierend, als alles Vorhergegangene zerpflückt und ohne jede Notwendigkeit musivisch ist. Dann, in den nächsten Stücken eine seltsame Bevorzugung des Polkarhythmus, aber ohne rechten Glanz und schon deshalb etwas monoton; darauf ein Duett, wieder ganz Mosaik, — und könnte ganz reizend einheitlich sein, wenn der auf S. 32 des Klavierauszugs einsetzende Zweivierteltakt die Stimmung nicht unvermittelt zerreißen würde; offenbar in beabsichtigt parodistischer Wirkung, die aber auf thematisch entwickelndem Weg sicherlich ebenso zu erreichen gewesen wäre. Übrigens dann allerliebst lustig ausklingend. Jetzt ein einwandfreies Meisterstück: das Walzerquintett „Kommen und gehn". Schließlich das Finale, kriegerisch einsetzend, mit dem Marsch des Anfangs — reißt ab. Fermate. Ein etwas leeres Allegro; Hochrufe auf die Heldin, in der konventionellen Art des Tuschs. Reißt ab. Fermate. Ein zierliches Andantino, von Rezitationsbrocken abgelöst. Fermate. Ein etwas schablonenhaftes Andante von dreißig Takten; Fermate. Dann ein Halbrezitativ, von bewegtem Sechsachteltakt untermalt und sehr hübsch weitergeführt, nur leider — es wirkt peinlich unkünstlerisch — plötzlich von gesprochenem Dialog unterbrochen; von da aber in einem Fluß weitergehend, in einem immer gesteigerten Allabreve, bis zur Atemlosigkeit eines nicht gerade vornehmen, aber mit unglaublichem Elan hinsausenden Galopps. Ganz anders das zweite Finale; zwar auch hier Übergänge durch unbeholfene Akkordfolgen, statt motivischen Aneinanderschließens, aber doch viel weiter geschwungene Bögen der Musik, ein fortwährendes Gipfeln, bis zu dem prächtigen Marsch in Es-dur, bei dem man auf dem Höhepunkt angelangt zu sein glaubt und dessen Thema dann plötzlich so genial zum Dreivierteltakt gewendet wird und als Walzer weiterschwingt.

Überall solche Widersprüche. Was man an der einen Stelle vermißt und schon als Mangel der Begabung betrachten möchte, stellt sich an einer anderen glanzvoll ein und man entdeckt, daß überall dort, wo Nachlässiges, Geschleudertes, ja oft Dilettantisches abschreckt, kein Versagen des Talents, sondern wieder nur wienerische Untugend waltet: leichtsinniges Hinweglachen des Ernsts, ein Sichfortstehlen vor strenger Zucht, — aber vielleicht gerade deshalb so einschmeichelnd und verführerisch. So daß das Bedauern über das, was sein könnte, vor der Freude über das verschwindet, was ist. Unmöglich, dieses „ist" zu erschöpfen: ein unbegreifliches Strömen und Klingen von Melodien, die unsterblicher Jugend voll sind. Nur von einem Höhepunkt sei noch gesprochen und andere bloß gestreift: der erste Akt des „Cagliostro" mit seinem Wiener Treiben, und dem wundervollen D-dur-Walzer, das erste Finale der „Nacht in Venedig" und der schöne Lagunenwalzer, der Eingang des „Simplizius" (wie fein ist das „Pallaschlied" als leitmotivische Andeutung benutzt und variiert!) und vieles im Vorhergehenden schon Angeführte. . . Dieser Höhepunkt ist der „Zigeunerbaron": sein breit ausladendes erstes Finale — weniger Stückwerk als sonst und von einer schweren Reife zärtlich-schwermütiger Melodik, — das geheimnisvoll klagende, von dunklen Nachtstimmen durchbebte Zigeunerlied, der melancholische Stolz der national gefärbten Weisen („Bruder, komm zum Militär“ und „Hier in diesem Land meine Wiege stand“), die aufsprühenden Rhythmen des Schatzwalzers bedeuten die — neben den Gaben der „Fledermaus“ — köstlichsten Früchte des Baumes, dessen schönste Blüten zur „Indigo“-Zeit niedergerieselt sind. Weniger die berühmt gewordenen Liebesduette „O Blick in Blick“ oder „Wer uns getraut“: bei aller drängenden Wärme des einen und der zarten Anmut des zweiten ist — meinem subjektiven Gefühl nach — doch, wie fast immer in den empfindungsschweren, erotischen Szenen bei Strauß ein Unterton von Unechtheit, ein künstliches Sichsteigern zu spüren, das in einzelnen Modulationen von allzu schmachtender Süßlichkeit verstohlen zutage tritt. Und noch weniger Stücke wie der im dritten Akt frisch einsetzende, aber zu unbedenklichstem Volkssängertum heruntersteigende Marsch („an des Tayo Strand“), in dessen zweitem Teil alle Elemente übelriechenden Wiener „Pülcher“-tums mitschwingen. Flecken in dieser hellstrahlenden, in freudigster Genialität schimmernden Partitur, deren Melodien Österreich und Ungarn zu schönstem Ausgleich verbinden: ein Reigen, den die Geister der Puszta mit jenen des Donaustroms schlingen. Denn auch hier, wie in allen Werken des Meisters ist wirklich das Leben ein Tanz und der Tanz ein

Leben geworden. Ein Reichtum, der sich einzig an jenem Schuberts messen läßt; ebenso wie die Fähigkeit, sogar einen Anschlagzettel in Musik setzen zu können. Nur daß Schubert doch ehrfürchtiger gegen das Wort war und auch mächtiger, ihm seine Stimmung zu entlocken, ja sie ihm aufzuzwingen. Man fühlt: Mehr Umgang mit Goethe. Aber in ihrer ganzen Art gehen beide Meister Hand in Hand: ihre Kunst bedeutet das musikalische Sinnbild der Heimat. Bei Schubert verklärter, vergeistigter; bei Strauß sinnlicher, realer. Diesseitsmusik, „mit klammernden Organen" das Dasein umfassend, die heiterste „Freut euch des Lebens"-Botschaft, die jemals verkündet worden ist.

Und nochmals: das ist nichts Kleines, der Menschheit zum Tanz aufgespielt zu haben.

VI.

ber das Kapitel „Johann Strauß als Mensch“ ist sehr viel Tinte verschrieben worden: aber eine Biographie ist niemals herausgekommen. Und wird es auch nie. In dem Sinne der Biographie nämlich, die nicht bloße „Lebensbeschreibung“ ist: im Aufzeichnen jener Erlebnisse, die zur geistigen Entwicklung des Künstlers beigetragen haben und deren Zeichen man in seinen Tönen wiederfindet — im Festhalten jener Tatsachen des Lebens, denen Tatsachen der Kunst entsprechen — im Aufspüren der Zusammenhänge und Wechselwirkungen der inneren und äußeren Ereignisse des menschlichen Alltags und jener Werke, in denen diese Ereignisse ihren künstlerischen Ausdruck gefunden haben. Das wird bei Johann Strauß kaum jemals möglich sein. Seine Musik ist gleichsam eine Eigenschaft, — nicht eine Gabe der Wiederspiegelung seelischer Empfängnisse. Eine Eigenschaft, — so wie ein anderer äußere Schönheit oder Hochmut oder Neid zu eigen hat. Es gibt keinen Teil seines Selbst, der zu Musik *werden* könnte; Musik *ist* ein Teil seines Selbst. Er wäre kein Künstler, wenn seine Musik nicht diesem Selbst ähnlich wäre: temperamentvoll, nobel,

JOHANN STRAUSS IN DEN NEUNZIGER JAHREN

sprühend, oft leichtsinnig, primitiv sorglos und immer liebenswürdig. Aber gerade weil sie ein Stück seines Wesens selbst ist und nicht erst sein Ausdruck, vermag man es nicht, von ihr zu seinem äußeren Leben eine Brücke zu schlagen — so wie man es bei Beethoven oder Schumann oder Wagner vermag. Bei ihnen hat jeder Ton autobiographische Bedeutung. Bei Johann Strauß niemals. Es ist die absoluteste „absolute" Musik, die man denken kann. Niemals ein Wegweiser nach dem Lebenspfad ihres Schöpfers.

Nur so aber, in fortwährendem Feststellen der Beziehungen zwischen Leben und Werk darf eine Biographie geschaffen werden; wo der Wiederklang des Menschlichen in der künstlerischen Schöpfung fehlt, ist Schweigen geboten. Trotzdem hat es einen fesselnden Reiz, diesem Menschlichen nachzugehen, seine Art nachzugestalten und vielleicht in ihm den Schlüssel für manche Unbegreiflichkeiten zu finden, die oft die wundervollsten Eingebungen unrein und kunstfremd machen. Man sucht in alten Blättern nach Zeichen, die den Künstler deutlicher machen; aber es kommt wenig heraus. Immer wieder der „liebe Kerl", fesch, kindlich, — „wienerisch" mit einem Wort. Zwischen den Zeilen dieser Blätter lugt dann noch ein zweites, menschlicheres Gesicht hervor, als es jener „Typus" ist; sehr herzlich, sehr amüsant, unendlich bescheiden, höflich und offenbar immer ein wenig opportunistisch, seelenvergnügt, beim Tarok ein bißchen zu „mogeln", elegant, lebhaft, aber nicht sehr energisch, ohne treibende Sehnsucht, immer ein wenig unzufrieden, gar nicht selbstgefällig und sehr gewinnend in seiner Ehrfurcht vor anderen künstlerischen Leistungen und in seiner Unverdorbenheit trotz all der brausenden Triumphe seines Lebens. Jeder, der ihm nahe kommt, hat den zwingenden Eindruck: ein Genie. Aber auch den: ein reizender, aber schwankender Mensch. Der echte Wiener — aber einer, der allen Ärger gegen seine wienerischen Untugenden entwaffnet. Etwas vom reinen Toren — Parsifal vom Kahlenberg. Einer, der mit dem Hute in der Hand durch das ganze Land der Musik gekommen ist.

Aber: er war ganz gewiß nicht nur so und gewiß nicht immer so. In diesem hellen, heiteren, durch schmeichelnde Ovationen aller Art verwöhnten großen Kind müssen manchmal wilde Menschlichkeiten aufgetobt haben: ein keuchendes Umsichschlagen, ein Sichwehren gegen alle gefälligen Fesseln, ein sinnloses Aufschreien gegen sein von Frauen, Verlegern, Direktoren und Agenten bevormundetes Leben. Es ist, als hätte er alle menschliche Selbständigkeit in dem langen Kampfe verbraucht, den er in zäher Energie und dabei immer mit Ehrerbietung gegen seinen Vater führen mußte, bis er den geliebten Musikerberuf erobern und sich neben dem großen Alten behaupten konnte. (In Parenthese: es hat lange genug gedauert, bis man, trotz aller Beliebtheit des jungen Strauß, die Superiorität seiner Begabung gegen die des Vaters erkannte und Johann Strauß hatte schon mehr als hundert Walzer geschrieben, als Hanslick urteilte, daß er zwar die Geschicklichkeit, aber nicht den Melodienreichtum des alten Strauß geerbt habe. Kommentar: die übrigen Schriften des Kritikers.) Es ist sehr daran zu glauben, daß ihm der Glanz und Taumel seiner Konzertreisen manchmal zum Ekel umschlug; daß er, in all diesem Getriebenwerden von Huldigung zu Huldigung, von Erfolg zu Erfolg, Augenblicke hatte, in denen er zu seinem Ich fliehen wollte, zu dem Besten in sich, das vom Tumult seines in einem ewigen Presto allabreve hinrasenden Lebens so oft verschüttet zu werden drohte. Augenblicke der Selbsteinkehr, in denen er mit Bitterkeit erkennen mochte, wie wenig Widerhall gerade jenes Beste und Eigenste fand, wenn er es in Tönen ausströmte — man denke an das betrübend skurrile Schicksal seiner lautersten Eingebungen, des „Donauwalzers" oder der „Morgenblätter" oder „Freut euch des Lebens" oder der „Fledermaus". Er wußte sehr wohl, warum er eine Nacht durchweinte wie ein Kind, weil sein „Morgenblätter"-Walzer gegen eine schale Offenbachsche Komposition unterlegen war: es war die Angst des naiven Künstlers, der sein Eigenstes unverstanden fühlt — die Angst vor den Unzulänglichkeiten seiner Begabung, vor der Konvention und Mode, der er sich beugen sollte, um siegen zu können, vor dem unentrinnbaren demütigenden Bündnisse, die seine Musik mit den Farcen stupider Operettenszenen schließen mußte, um materiellen Erfolg zu bringen. Es hat vielleicht nicht viele solcher Stunden zornigen Sichwehrens in diesem äußerlich so strahlenden, höflich liebenswürdigen und konzilianten Leben gegeben, das sich vom dunklen Grund einer schwer ringenden Jugend und mancher Schmerzlichkeiten irrender künstlerischer und menschlicher Jünglingserlebnisse hell abhebt; aber sie müssen furchtbar gewesen sein. In einer solchen Stunde mag er auch, knapp nach dem Tode der geliebten ersten Frau, aller „Gesittung" höhnisch ins Gesicht schlagend, jene unselige zweite Ehe geschlossen haben, an der er so entsetzlich zu leiden hatte und deren Nachklang mit solch schriller Dissonanz in die nächsten Jahre seines Daseins verstörend hineinhallte. Es gibt immer ein Unglück, wenn die Schwäche sich auflehnt und ihr Schicksal meistern will: der Rückschlag ist um so trauriger. Sicher ist, daß ihm dies eine Mal der trotzigen Selbstbestimmung zum Unheil wurde, während er im Gefühl einer liebevollen Abhängigkeit glücklich war. Er war ein Mensch, der die Bevormundung brauchte; in so weitem Maße, daß er ohne den Einfluß seiner ersten Frau, der als Sängerin und Weib gleich hochstehenden Jetty Treffz, kaum jemals eine Operette geschrieben, und daß er sich nie an das Schaffen einer Oper gewagt hätte, wenn ihm durch Frau Adele Strauß, seine zärtlich ehrgeizige, ruhelos besorgte dritte Gemahlin, nicht durch listig weibliches

Locken das Gefühl der Zuversicht gegeben und die demütige Scheu vor der strengeren Kunstart verscheucht worden wäre.

Nur in wenigen Stellen seiner Musik spürt man jene Minuten des Sichbefreiens, des fesselnzerreißenden und unbändigen Umsichschlagens. Es sind die niedrigsten und die höchsten seines Werks: Stellen von grinsender Gemeinheit, von gleichsam geflissentlich ordinärem Kunstpfeifertum und forciert lustiger Heurigenstimmung, — Gassenhauer jener Art, die der Dichter Rudolf Hans Bartsch „Eigenloblieder" nennt, — und dann wieder solche von aufatmender Heiterkeit, von wirbelnder extatischer Freude; ein leuchtender Flockensturm einer aller Schwere ledigen Melodik. Der Schluß des zweiten Fledermaus-Aktes ist so, und einiges andere, im „Indigo", im „Zigeunerbaron". Musik als Ventil... Und ein Glück für den, den sie so befreit: weil sie jenseits des Worts steht und das Unaussprechliche ebenso auszudrücken vermag wie das, was auszusprechen noch verboten ist. Es gibt Musik, die konfisziert werden müßte, wenn man die ihr entsprechenden Worte fände; und andere, die den „unmöglich" machen würde, der sie geschrieben hat, wenn er die Zoten *reden* würde, die er in Tönen sagt und die jeder ruhig anhört. Beides, wenn es von einem Künstler kommt, der Ausbruch extremer Stimmungen — des überlegen heiteren Verachtens aller schwerfälligen Bürgerlichkeit oder des grimmigen „je m'en fiche" gegen die Herrschaft alles Braven,

Folgsamen und Gesitteten... Und beides bei Johann Strauß zu finden.

Nicht oft. Denn im allgemeinen herrscht ein erstaunliches und wunderschönes Gleichmaß bei ihm; weniger eines der Erfindung als eines der Stimmung, die fast immer die einer lebhaften, niemals hastigen und überstürzten, durchwegs kraftvoll bewegten Freudigkeit ist. Jene Stellen, in denen ein Sichaufbäumen laut wird, in denen sich ein menschliches Höchstmaß von Zorn oder Glück durchbrennt, sind selten. Aber es stünde arg um seine Künstlerschaft, wenn es bei ihm keinen Zeiger für solchen innerlichen Manometer-Hochstand gäbe. Nur daß er offenbar nicht in seinen Werken „abreagiert" hat, sondern in seinem Dirigieren. Warum seine Musik nicht fähig war, sein Seelisches auszusprechen, ist schon gesagt worden: sie ist eben bei ihm kein Widerspiegeln psychischer Funktionen, sondern eine solche Funktion selbst, wie es das Atemholen oder der Blutumlauf ist. Aber irgendwo muß all dieses aufgespeicherte Menschentum heraus, und wenn man einen alten Bericht über Johann Strauß als Dirigenten liest, so wird es einem klar, daß hier all das explodiert, was man in dem klaren Ebenmaß seiner gewichtlos schwebenden Weisen vergeblich sucht. Alles Zwanges frei, ganz sich selbst hingegeben, war er offenbar an der Spitze der Musiker, die er am Tivoli oder im Augarten, beim Sperl oder im Volksgarten dirigierte. Wenn auch dabei ein Stückchen Pose mitspielte. Denn so wie er schon als

Knabe vor dem Spiegel Geige übte, ist er auch späterhin nur in vollkommen selbstvergessenen Momenten nicht gleichsam „vor dem Spiegel gestanden". Und desto mehr, je älter er wurde. In seinem jüngeren Mannesalter, als Vierziger etwa, vielleicht weniger, als noch — in der „Heimat" wird er so geschildert — „das kohlschwarze Kraushaar wohl- „frisiert im Luftzug wehte; das weithin schattende „Dickicht der sorglich gepflegten Favoris tut das- „selbe. Eine leichte Verbeugung von seiner Seite, „ein Donnerschlag des Beifalls von der unserigen. „Stille! Du winkst mit dem Bogen, ein halber Blick „schießt rechts, ein halber Blick links aus den „Augenwinkeln hervor nach den Flügeln seines „Heeres und vierzig Mann hoch, stürzt sich dieses „auswendig ins Opus 999 seines Herrn und Meisters. „Und wie sie sich hineinstürzen! Der Name eines „jeden endigt auf ‚ek', das ist genug gesagt. Und „fort geht's im gefährlichsten Walzertakt über Stock „und Stein, Saiten und Steg, unaufhaltsam! Deine „düstere Gestalt ragt hoch empor aus dem heiteren „Tanzgewühl. Deine Bogenspitze ist überall voraus. „Es kommt eine elegische Stelle, da hebt und senkt „sich dein Bogen in langen, weichen Wellenschwin- „gungen, ihm folgt die Hand, der Arm und schließ- „lich wiegt sich der ganze Johann in seinen Hüften „hin und her. Dann folgt ein rascheres Tempo, der „Bogen bekommt einen geheimen Impuls, er nimmt „einen gewaltigen Elan, im Zickzack springt er ge- „waltsam rechts und links, er hüpft auf und ab,

„immer rascher, der ganze Mann macht die Be„wegung nach, der Mann schlägt mit dem Bogen „den Takt und der Bogen seinerseits mit dem Manne. „Das Tempo wird stürmisch. Johann Strauß legt „sich mit aller Macht ins Zeug. Du nimmst den „Bogen wie der Fechter den Säbel; du schlägst den „Takt nicht mehr, du haust ihn; mit dem Daumen „gibst du jedem Hieb den gehörigen Nachdruck, „du schlägst eine regelrechte Terz, dann eine Quart, „als stündest du auf der Mensur, jetzt parierst du „und jetzt holst du mit aller Kraft aus, du hast ge„wiß die Parade deines Gegners durchhauen. Das „ist ja eine in Musik gesetzte Fechtstunde! Doch „der Höhepunkt kommt erst, der richtige Walzer„taumel ist noch nicht erreicht. Plötzlich erstarrt „die Bogenspitze in der Luft, ein wilder Blick wird „nach rechts, ein ebenso wilder nach links delegiert, „dann wirft sich der Kopf des Dirigenten zurück, „er reißt die Geige von der Hüfte, in die sie bisher „gestemmt gewesen, gleich dem Henkel einer etruri„schen Vase, er legt sie an und stürzt selber an der „Spitze seiner Tapferen ins Fortissimo. Nun hüpft „und tanzt jede Faser des blassen schwarzen Mannes. „Sein Bogen wühlt und rast in den Saiten, sein „Ton gellt durch das ganze Rauschen und Schwirren „des Ensembles hindurch. Seine Arme fahren aus „gleich dem Telegraphen La Chappes. Die Brust„teile des Fracks fliegen weit auseinander, die „Schöße fliegen, das goldene Kettchen mit dem „Halbdutzend kleiner Orden fliegt, das große,

„blinkende Medaillon öffnet sich und springt er„schreckt an seiner Weste auf und ab. Wahrlich, „das ist der verkörperte Dreivierteltakt, der in einen „schwarzen Anzug gefahren ist. Ein rasender „Applaus rauscht aus allen Ecken des elektrisierten „Saales auf und erstickt die letzten Akkorde. Mit „einer raschen Wendung, welche halb eine Ver„beugung, halb ein Sprung von der Höhe war, ist „Johann Strauß plötzlich vom Pult verschwunden..."

Gewiß, viel Inszene; aber sicherlich nicht nur Inszene, — eine Trunkenheit des Sichgehenlassens und Sichgebens; Explosionen all seiner sonst gehemmten bösen und guten Instinkte. Vielleicht oft auch ein Berauschen an den eigenen Klängen, — manchmal auch eines an denen anderer Meister. Dieser seltsame Künstler, der kaum jemals als Zuhörer einer ernsten Musikaufführung im Konzertsaal zu erblicken war, von dem man nicht weiß, daß er sich je an einem geliebten Dichterwerk begeistert hat, der einem Kaufmann gleich — ein anderer Brief an Lindau beweist es — auf das ungeduldig ersehnte Schaffen eines Balletts verzichtet und bei der Operette bleibt, weil sie mehr „trägt" und der dabei so kostbare Dinge wie den an Brahms reichenden schimmerndduftigen Anfangschor des zweiten „Indigo"-Aufzugs oder das ergreifend zarte, desselben Meisters würdige „Brüderlein und Schwesterlein" der „Fledermaus" zum Erklingen brachte — dieser seltsame kunstindolente und naturwüchsig kulturlose Künstler hat immer den Ehrgeiz gehabt, wertvolle Musik zu verkünden. Nicht nur Beethovensche Symphonien und jene kleinen Mendelssohnschen symphonischen Dichtungen, die man damals noch Ouvertüren nannte: Johann Strauß war der Erste in Wien, der sich durch die Tat, nicht nur durch das Wort, für Richard Wagner einsetzte: die ersten Töne aus „Tannhäuser" und späterhin „Tristan" haben die Wiener von der Straußschen Kapelle gehört. Und man weiß, daß hier nicht etwa eine kluge Spekulation, ein Wittern der Mode von morgen im Spiel war, sondern wahrhaftes Überwältigtsein von der erschütternden Botschaft eines Großen. Ein liebes Bild übrigens: Strauß am Klavier, in unbeschreiblicher Erregung und Ergriffenheit, zum ersten Male das Tannhäuservorspiel empfangend, — und seine Mutter, die gütig-einfältige, beschränkte, aber ganz rein empfindende alte Frau zur Türe hereinschleichend, von der Magie und dem fremdartigen Zauber dieser Töne unwiderstehlich angezogen und gleich dem hingerissenen Sohne in Tränen ausbrechend....

Lauter Züge, die zu dem Bilde des „lieben Kerls" und „feschen Wieners" nicht ganz stimmen. So einfach ist diese Psyche nicht zu erledigen, und es gibt viel Disparates darin. Es gilt auch hier: Ich bin kein ausgeklügelt Buch, sondern ein Mensch mit seinem Widerspruch. Nur daß bei ihm dieser Widerspruch nicht wie bei anderen Großen, innerhalb seiner Kunst zu suchen ist, sondern außerhalb. Solche Gegensätze: vollendete Noblesse gegen Intri-

JOHANN STRAUSS IN DEN SECHZIGER JAHREN

gen, wie jene der Pariser Kapellmeister, die die französischen Musikfreunde gegen den unbeschreiblich erfolgreichen Eindringling aufwiegeln wollten — und wieder ganz sonderbare Kleinlichkeiten in „geschäftlichen“ Angelegenheiten. Frisch aufbrausender Mut in dem betörenden Achtundvierziger Sturm und seinem aufrührerischen Hoffnungstumult, der auch den dreiundzwanzigjährigen, durch häuslichen Zwang erbitterten, freiheitssehnenden Musiker erfaßt hatte: damals zog Johann Strauß an der Spitze seiner Kapelle den Studenten voraus, ließ bei den Barrikaden tapfere Musik schmettern und komponierte in naiver Begeisterung seine „Freiheitslieder“-Walzer, „Burschenlieder“, „Revolutionsmarsch“, „Studentenmarsch“ und die sogar von der Zensur ereilten „Ligurianerseufzer“ — die durchweg freilich nur in ihren Titeln, nicht in ihren Tönen revolutionär waren: auch der blutige Ernst des Jahres 48 hat sich bei ihm nur in Walzer, Märsche und Polkas umgesetzt. Und dann wieder, als diese Titel von höfischer Seite mit Mißfallen bemerkt worden waren und gegen den Komponisten verstimmt hatten, so daß sie schließlich sogar als arge Schranken den Weg versperrten, der ihn zur Stellung eines Hofballmusikdirektors führen sollte, scheint die Freiheitslust sofort in eine eigentümlich beflissene dynastische Begeisterung umzuschlagen, die gerade nach solch keckem Sturmlauf einen um so peinlicheren Beigeschmack hat. Der Kaiserbart, den er sich jetzt, von der herrschenden Mode begünstigt, wachsen läßt, hat die Bedeutung eines Symbols: dem „Revolutionsmarsch“ folgt ein Franz-Josefs-Marsch, den Burschenliedern ein Viribus-unitis-Walzer, ein Triumphmarsch erklingt gelegentlich des mißlungenen Attentats auf den Kaiser — und auch weiterhin wird jedes Ereignis im Kaiserhaus in Zwei- und Dreivierteltakt verherrlicht, bis das Ziel des Ehrgeizes erreicht ist und auf den Umschlägen seiner Werke unter dem Namen des Komponisten endlich das stolze „k. k. Hofballmusikdirekter“ zu lesen steht. (Beiläufig bemerkt: eine ganz lustige Unterhaltung, an der Hand der Titel Johann Straußscher Tänze das Stück Zeitgeschichte an sich vorüberziehen zu lassen...) Es muß immer wieder gesagt werden: all diese persönlichen Dinge sollen ebensowenig als „Einwände“ gelten, wie die Anführung mancher artistischer Seltsamkeiten, — nicht einmal als „Schwächen“, sondern durchweg als Züge, die das Bild vervollständigen und rund machen sollen; und sie können um so unbefangener ausgesprochen werden, weil ein „Verkleinern“ des Freudenspenders, durch dessen Schaffen die Glückssumme der Welt um vieles größer geworden ist, nicht möglich sein kann. Aber ohne die kuriosen Antinomien in dieser scheinbar so simplen Persönlichkeit, die gleich einem dunklen Tropfen fremden Blutes wirken, wäre dieses Profil zu konventioneller „Idealisierung“ gefälscht und verzeichnet.

Seltsam: dieser im tiefsten direktionslose, weich-

AUFNAHME R. KRZIWANEK

JOHANN STRAUSS UND JOHANNES BRAHMS

DIE MUSIK

herzige, jedem Einfluß zugängliche Mensch, dem nur, wenn er durchaus bevormundet wurde, das Gefühl inneren Gleichgewichts gegeben war, steht in seiner Musik absolut selbständig da. Er hat sich als Tondichter durch keinen anderen Meister beeinflussen lassen; nicht einmal durch seinen Vater — wenn man von der übernommenen Form der Tänze absieht: die Begabungen des alten und des jungen Strauß verlieren bei schärferem Hinhorchen jeden Schein von Verwandtschaft; es ist eine andere Art „Schmiß" im Temperament des jungen, viel verwegener, südlicher, sonnenbrauner... Ebenso wie seine Melancholie eine andere ist, als jene Lanners: sie ist weniger in sich gekehrt und still, ist sentimentaler und weniger schamhaft. Gemeinsam ist ihnen allen nur ein Äußerliches, ein Etwas, das man den musikalischen Verkehrston nennen möchte, der Dialekt der Musik. Jenes Wienerische, für das eigentümlicherweise zwei Juden den urwüchsigsten, endgültigen Ton gefunden haben, Alexander Krakauer in seinen Couplets und Gustav Pick in seinem Fiakerlied — Gesänge, die längst den Namen ihrer Autoren abgestreift haben und zu Volksliedern geworden sind. (Was, nebenbei gesagt, nur deshalb glücken konnte, weil beide auch die Verfasser ihrer Texte waren.) Dieser Ton gibt auch die Grundschwingung der Straußschen Melodik. Er ist mehr noch als seine Vorgänger absoluter Dialektmusiker und ist an die Mundart so vollkommen gebunden, daß er — wie Anzengruber und jeder echte Dialektdichter — augenblicklich steif, hölzern, unfrei, hochtrabend schwülstig, ja verlogen wird, wenn er in Tönen gleichsam „hochdeutsch" sprechen soll. Von diesem „Verkehrston" abgesehen aber hat er nichts mit anderen gemein; die großartige musikdramatische Revolution und Evolution, die er miterlebte, hat auf sein Schaffen ebensowenig Einfluß gehabt wie seine Freundschaft mit Johannes Brahms. Wenn irgendeiner auf ihn gewirkt hat — aber auch das ist mehr zu fühlen als zu konstatieren — so war es vielleicht sein eigener Bruder, Josef, dessen Talent weniger sprudelnd, weniger reich, vollsaftig und versatil, aber vielleicht gepflegter, wählerischer, sensibler war. Ehe es eine gemeinsame Arbeit der Brüder Johann und Josef Strauß als Dirigenten und manchmal auch als Komponisten gab, ist die Weise des älteren kapellmeisterlicher, skrupelloser, unbedenklicher auf frenetische Orchestereffekte losgehend und auch auf jene Tonvorstellungen primitiv-barbarischer Art, die in den Pistolenschüssen und der Gewitter- und Regenmaschine des Amerikaners Sousa ihren extremsten und groteskesten Ausdruck gefunden hat; späterhin aber ist, bei gleicher Intensität und Fülle des Talents, doch ein stärkerer Verzicht auf alles Spielerische zu fühlen, und eine merkliche Verfeinerung und Sorgfalt der Diktion, ohne daß jemals irgendwelche musikalische Prüderie vor dem Derb-Ausgelassenen eintritt. (Nur selten mehr, daß ein Rückfall in musikalische Unzucht eintritt, wie in jenem entsetz-

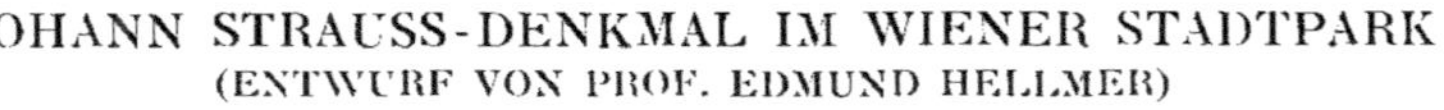

JOHANN STRAUSS-DENKMAL IM WIENER STADTPARK
(ENTWURF VON PROF. EDMUND HELLMER)

lichen „Hoch-Habsburg“-Marsch, in dem das Prinz-Eugen-Lied und die Volkshymne in einer Weise abscheulich mißbraucht und verrenkt werden, daß Meyerbeers Vermeckerung des Lutherliedes im Hugenotten-Vorspiel dagegengehalten geradezu klassizistisch und akademisch strenge wirkt.) Dazu entwickelt sich eine wachsende Empfindung für stilistisches Kolorit, das sich immerwährend steigert und in der „Nacht in Venedig“ und im „Zigeunerbaron“ wie nie zuvor geglückt ist. — Im ganzen: Ein Einfluß, der nicht zu beweisen ist und dessen Vorhandensein nur das subjektive Gefühl spüren oder leugnen kann; der aber auch ganz vereinzelt geblieben ist. Sein künstlerisches Wesen ist unbedingt originell, im besten Sinn des schmählich für allerlei Akrobatik mißbrauchten Wortes. Wenn er jemals konventionell wird, so ist er es an jenen Stellen, die er — in immerwährender Verkennung des Musikalisch-Organischen und des Dramatisch-Wesentlichen — nur gleichgültiger „Erledigung“ wert achtete: in den Überleitungen von einem Walzerteil oder einem Gesangstück zum andern und gar in seinen Rezitativen ist er von allzu bequemer Saloppheit und betrübend dilettantischer Schablonenhaftigkeit. Diese Akkordfolgen und Wendungen von ungeduldiger Kunstlosigkeit sind kreischende, grobe Scharniere statt subtil verdeckter Verzahnungen des tondradramatischen Uhrwerks. Nachlässigkeiten der geistigen Toilette, die er an der körperlichen nie geduldet hätte.

Ein Mensch mit seinem Widerspruch. Aber kein widerspruchsvoller Künstler. Der „liebe Kerl“ allein erschöpft sein Wesen nicht. Hier ist einer, dem es mit seinem Beruf ernst ist und der von Spaßmachern ins Schlepptau genommen wurde; einer voller Impulse und Leidenschaften, die aber nicht produktiv geworden sind; mit einer Begabung, die des höchsten erlösenden Humors fähig gewesen wäre und die sich zur Operette beschwichtigen ließ; ein innerlich freies, durchaus in sich selbst wurzelndes Talent und dabei ein Mensch, der sich zeitlebens am Gängelband führen lassen konnte; einer, den die Bequemlichkeit des Wohllebens daran hinderte, sich durch strenge Arbeit das Geschenk seiner Eingebungen erst zu verdienen und sich immer Höheres abzufordern und abzugewinnen. Müßig, darüber zu grübeln, ob ihn das Wienertum verdorben hat oder ob er bei alledem, bei dem beglückenden, schenkenden, hedonistischen Wert seines Werks sein Letztes gegeben hat; ob seine Kunst bei höherer Kultur nicht vielleicht gar befangener und stockender geworden wäre; ob es nicht so hat sein müssen, daß seine Musik ein gegen alle Stimmung des Worts gleichgültiger großer Tanz und nie ein Drama geworden ist; ob er den seiner würdigen Dichter überhaupt erkannt hätte. Und tausend andere Fragen, die alle laut werden, wenn man die merkwürdig kontrastierenden Unterströmungen dieses Charakters betrachtet. Müßig, durchaus müßig — denn sie alle werden weggeweht durch das jauch-

JOHANN STRAUSS-GRABMAL VON VICTOR TILGNER

zende Klingen, das er in die Welt sandte und das, losgelöst und frei von seinem Selbst, von ihm übrig bleibt. Zwei Tondichter, Johannes Brahms und Adalbert von Goldschmidt, haben unabhängig voneinander dasselbe Wort von ihm gesagt: „Er trieft von Musik“. Ein bezeichnenderes ist nicht zu finden. Diese Musik ist deshalb keine welträtsellösende, offenbarende. Aber sie ist etwas Seltenes: Lust an sich. Ein kleines Stück erfüllter Sehnsucht nach Lebensfreude. Und: in ihren Tönen ist Österreich...

Anhang.

Biographische Tabelle.

14. März 1804. Johann Strauß Vater geboren.
1819. Er wird von Lanner engagiert.
Januar 1825. Heirat mit Anna Streim.
25. Oktober 1825. Johann Strauß Sohn geboren.
20. August 1827. Joseph Strauß geboren.
1836—1840. Johann Strauß (Sohn) studiert Gymnasium.
1843. Scheidung der Eltern Strauß.
1843. Johann Strauß lernt Komposition bei Hofmann und Drechsler.
September 1844. Johann Strauß gründet sein Orchester.
15. Oktober 1844. Erstes Auftreten Johann Strauß' als Dirigent und Komponist. Die ersten Walzer: „Gunstwerber und „Sinngedichte". Letztere mit unerhörtem Erfolg sechsmal wiederholt.
25. September 1849 Tod Strauß Vaters.
1851—1870. Konzertreisen im Ausland.
1861. Johann Strauß heiratet die Sängerin Henriette von Treffz.
1863. Ernennung zum Hofballmusikdirektor.
13. Februar 1867. Der Walzer „An der schönen blauen Donau" vom Wiener Männergesangverein aufgeführt. Mißerfolg.
1867. Enthusiastische Erfolge in Paris. Der „Donauwalzer" mit Jubel aufgenommen.

25. Juli 1870. Tod des Joseph Strauß.

10. Februar 1871. Première des „Indigo“. Großer Erfolg.

1872. Konzerte in Amerika.

1. März 1873. Première des „Karneval in Rom“. Starker Erfolg.

Dezember bis Januar 1874. Strauß komponiert in 6 Wochen die „Fledermaus“.

5. April 1874. Première der „Fledermaus“. Mittelmäßiger Erfolg. Nur 16 Vorstellungen.

27. Februar 1875. Première des „Cagliostro in Wien“. Lokalerfolg.

März 1875. „Indigo“ wird als „La reine Indigo“, die „Fledermaus“ als „La Tsigane“ unter Leitung des Komponisten in Paris aufgeführt.

3. Januar 1877. Première des „Prinz Methusalem“.

1877. Strauß leitet die Bälle der Pariser großen Oper neben Olivier Métra. Intrigen der französischen Musiker.

7. April 1878. Jetty Strauß-Treffz stirbt.

Herbst 1878. Zweite Ehe: Strauß heiratet Angelika Dittrich.

18. Dezember 1878. Première von „Blinde Kuh“. Mißerfolg.

1. Oktober 1880. Première von „Das Spitzentuch der Königin“. Großer Erfolg.

25. November 1881. Première des „Lustigen Kriegs“. Jubelnder Beifall.

1883. Scheidung von Angelika Dittrich.

9. Oktober 1883. Première von „Eine Nacht in Venedig“. Großer Erfolg,

15. Oktober 1884. Vierzigjähriges Künstlerjubiläum. Festvorstellung im Theater an der Wien. Höchste Ehrungen aus der ganzen Welt.

1885. Dritte Ehe: Strauß heiratet Adele Strauß, die Witwe seines Freundes Anton Strauß.

24. Oktober 1885. Première des „Zigeunerbaron". Enthusiastischer Erfolg.

April 1886. Konzerte in der russischen kaiserlichen Manège.

17. Dezember 1887. Première des „Simplicius". Achtungserfolg.

Oktober 1889. Zur 25 jährigen Jubelfeier des „Donauwalzers" Konzert sämtlicher zu einem Orchester vereinigten Militärkapellen unter Leitung des Komponisten und „Huldigung einer 15000 köpfigen Menge". (Prohazka, Joh. Strauß. S. 83.)

1. Januar 1892. Première des „Ritter Pasman" in der Wiener Hofoper. Achtungserfolg.

10. Januar 1893. Première der „Fürstin Ninetta". Lokalerfolg.

1893. Strauß-Zyklus in Prag.

17. Oktober 1894. Première der „Jabuka". Persönlicher Erfolg.

Oktober 1894. 50 jähriges Künstlerjubiläum. Festvorstellung im Theater an der Wien. Zwei Festkonzerte im großen Musikvereinssaal: die Philharmoniker, der Wiener Männergesangverein unter Leitung von Wilhelm Jahn, Ed. Kremser und J. N. Fuchs, unter Mitwirkung Alfred Grünfelds. Festvorstellung in der Hofoper. Ernennung zum Ehrenmitglied der Gesellschaft der Musikfreunde. Deputation von 150 amerikanischen Musikern.

4. Dezember 1895. Première von „Waldmeister". Achtungserfolg.

13. März 1897. Première von „Die Göttin der Vernunft". Schwacher Erfolg.

1898. Strauß arbeitet an dem Ballett „Aschenbrödel".

Pfingstmontag 1899. Strauß dirigiert die Ouvertüre der „Fledermaus" in der Hofoper. Letztes öffentliches Auftreten.

3. Juni 1899. Strauß' Tod.

www.ingramcontent.com/pod-product-compliance
Ingram Content Group UK Ltd.
Pitfield, Milton Keynes, MK11 3LW, UK
UKHW041957190726
13854UKWH00005B/2027

9 783958 011748